중화학공업화

박기주

2

도서출판 해남

중화학공업화

초판1쇄 인쇄 2023년 2월 20일
초판1쇄 발행 2023년 2월 24일

저　자 박기주
발행인 노현철
발행처 도서출판 해남

출판등록 1995. 5. 10 제 1-1885호
주　　소 서울특별시 마포구 마포대로8길 9 영명빌딩 405호
전　　화 739-4822 **팩스** 720-4823
이 메 일 haenamin30@naver.com
홈페이지 www.hpub.co.kr

ISBN 978-89-6238-802-2 93320

이 저서는 2021년 대한민국 교육부와 한국학중앙연구원(한국학진흥사업단)을 통해 K학술확산연구소사업의 지원을 받아 수행된 연구임(AKS-2021-KDA-1250002).

머리말

2021년 7월 2일 68차 유엔무역개발회의(UNCTAD) 무역개발이사회는 한국을 개도국에서 선진국 그룹으로 변경하였다. 제2차 세계대전 후 많은 개도국 중에서 오늘날 선진국에 진입한 국가는 한국이 유일하다. 한국은 전후 최빈국 중 하나였으나 1960~1980년대에 유례가 없을 정도로 빠르게 성장하였으며 이후에도 지속적으로 성장하면서 10대 경제 대국이 되었다. 오늘날 한국은 제조업 강국으로서 자동차, 조선, 화학 등의 중화학공업, 특히 반도체를 포함한 첨단 전자산업 분야에서 세계 중심에 위치하고 있다.

많은 개도국이 한국을 부러워하는 이유는 개도국이 선진국형의 산업 구조로 진입하기 위해 필요한 중화학공업을 갖는 데 성공하였기 때문이다. 한국은 값싸고 풍부한 노동력을 투입하는 경공업 중심의 수출지향형 성장 전략을 추구하였다. 일반적으로 경공업은 많은 자본과 높은 기술이 필요 없고 노동 집약적이므로, 임금이 상승하고 다른 개도국이 시장에 진입하면 경쟁력이 약해질 수밖에 없다. 그러나 중후장대형의 중화학공업에 진입하는 것은 거대한 자본이 필요할 뿐 아니라 기술도 필요하기 때문에 개도국이 쉽게 진입하기 힘든 장벽이 존재한다.

정부는 1970년대 이전에도 내수를 위한 중화학공업에 대한 열망을 가졌지만 결실을 얻지 못하였다. 그러다가 1973년 1월에 대통령이 중화학공업정책을 선언하면서 중화학공업 육성이 본격화되었다. 정부는 효율적인 생산이 가능하기 위해서는 협소한 국내 시장을 넘어 수출을 할 수 있는 크기로 육성해야 한다고 판단하였다. 중화학공업 육성을 주도한 것은 정부이지만 민간 기업이 생산의 주체였으며 정책에 적극적으로 참여한 자본은 재벌로 성장할 수 있었다. 한국은 세계경제의 불황 속에서도 중화학공업에 대한 과감한 투자를 통해 높은 경제성장률을 달성하였다.

1979년에 제2차 석유파동과 국제 금융 시장의 경색이라는 국외적 상황과 국내의 정변 속에서 정책은 중단되었으며 중화학공업에 대한 과잉투자의 논란 속에서 한국경제는 1980년에 마이너스 경제성장률을 기록하였다. 그러나 그동안 육성한 중화학공업 덕분에 1980년대에 세계경제가 회복되면서 한국경제도 다시 빠르게 성장하기 시작하였고 산업 구조와 수출 구조는 중화학공업 중심으로 전환하였으며 철강, 조선, 석유화학, 자동차 등이 한국경제를 대표하는 산업이 되었다.

1970년대의 중화학공업육성정책은 부정적 유산도 남겼지만 오늘날 한국이 경제 대국의 지위를 갖게 된 기반을 제공하였다. 당시 한국이 확실한 비교우위를 갖고 있는 경공업에 머무르지 않고 막대한 자본을 투입해야 하는 중화학공업을 육성한 것은 위험을 감수한 국가적 차원의 혁신이었다. 오늘날 많은 개도국은 한국의 경험을 배우고 싶어한다. 물론 한국의 경험이 어디서나 복제 가능하다고는 말하기 어렵지만, 그럼에도 산업화 과정에서 한국 정부나 민간이 어떻게 혁신을 추구하였는가를 이해하는 것은 개도국에게 시사하는 바가 크다고 할 수 있다.

이 책은 중화학공업화 육성정책을 종합적으로 이해하기 위한 입문서이다. 그동안 국내외에서 중화학공업육성정책에 대해 긍정과 부정의 상호 대립적 관점에서의 다양한 연구가 있었지만, 그 같은 전문적 연구로부터 중화학공업육성정책 전체를 조망하기가 쉽지 않다. 이에 이 책은 정책의 배경과 내용, 산업별 기술 추격과 성과, 성과를 보여 주는 거시경제적 지표와 분배 측면에서 정책의 결과를 제시하고 정책이 남긴 시사점을 서술하였다. 이를 통해 정부가 어떤 구상으로 계획을 수립하고 정책 수단을 동원하였으며 민간 기업이 어떤 방식으로 기술 능력을 축적하고 위기를 극복하였는지에 대한 기초적 이해가 가능하리라 생각한다.

2023. 2

박기주

차례

머리말 i
차례 v

들어가며 1

1 중화학공업육성정책

정책의 배경 11
기본 방향과 추진기구 22
국내외 자금의 동원과 배분 30
세제상의 지원과 기타 지원 42

2 산업별 기술 추격의 성과

조선산업 53
철강산업 57
전자산업 61
석유화학산업 66
기계산업 70
자동차산업 75

3 정책에 대한 평가

성장 지표의 비교 81
효율성과 총요소생산성 92
재벌 체제와 소득 분배 99

나가며 105

참고문헌 113
찾아보기 119

들어가며

식민지와 해방 후의 전쟁을 거친 최빈국의 하나였던 한국이 산업화를 통해 세계 10대 무역국이 되고 정치적 민주주의를 어느 정도 정착시킨 것은 세계사적으로 경이로운 일이다. 1960년대에 수출지향형 성장 전략에 따라 경공업 위주로 산업화를 시작한 한국경제에 질적인 변화를 가져온 것은 1970년대에 추진된 중화학공업정책이었다. 이는 정부 주도하에 중화학공업의 특정 산업을 집중적으로 육성한 산업정책이다.

1970년에 한국경제는 대망의 수출 10억 달러를 달성하였지만, 누적된 외채와 물가 상승, 만만치 않은 세계 무역 환경이 문제였으며, 게다가 노동자 계급의 불만이 분출되고 있었다. 1971년의 대선에서 박정희 대통령은 가까스로 3선에 성공하였으나, 뒤이은 총선에서 야당이 기존 의석의 두 배 이상을 확보하는 위기를 맞았다. 국제정치적으로는 베트남전 종결을 위한 닉슨 독트린과 미·중 화해 무드로 인해 반공 이데올로기에 의존해 온 안보 체제도 도전을 받게 되었다. 이런 국내외적 상황 변화에 대응하여, 박 대통령은 10월 유신을 선포하고 계엄령하에서 국민투표로 장기집권을 위한 유신헌법을 제정하였다. 그런 직후인 1973년 1월 12일 연두기자회견에서 중화학공업정책을 선언하였다.

산업정책이란 시장 실패로 인해 산업 간 자원 배분이 원활하게 이루어지지 않는 문제가 있을 때, 정부가 이에 개입하여 산업 간 자원 배분을 인위로 조정하는 정책을 말한다. 산업정책에는 독과점 규제 등 시장에서의 공정한 경쟁을 촉진하려는 산업조직정책과 특정 산업을 육성하거나 사양사업을 퇴출시키는 산업구조정책이 있는데, 1970년대의 중화학공업책은 산업육성정책이라고 할 수 있다. 산업육성정책은 선진국의 산업 구조를 달성하기 위한 추격 전략이다. 선진국과 달리 시장이 미성숙한 개도국의 정부는 단기간에 산업 구조의 고도화를 달성하여 국제 경쟁이 가능한 수준에 이르기 위해 시장을 대신해서 여러 역할을 한다. 정부는 자본과 노동의 조달, 기술 수준의 향상을 도모하며 직접 기업가를 자임하거나 혹은 민간의 참여를 유도하기 위한 각종 유인제도를 설계하는 등의 역할을 한다.

중화학공업육성정책은 원래 1973년부터 1981년까지로 계획된 것이었지만 1979년까지 7년간 실시되었다. 정책 목표는 중화학공업을 육성함으로써 1981년 말에 수출 100억 달러와 1인당 소득 1,000달러를 달성한다는 것이었다. 중화학공업은 고소득국이 되기 위해 반드시 필요하지만 막대한 투자와 높은 기술을 요구하며 자본의 회임기간이 길어 그만큼 리스크도 크다. 따라서 자본과 기술이 부족한 한국이 중화학공업화를 육성한다는 것에 대해 많은 경제학자들과 세계은행은 부정적으로 평가하였다.

중화학공업육성정책을 평가한 1987년 세계은행 보고서는, 한국경제의 가장 중요한 성장 요인을 수출로 보면서 당시에 한국은 노동 집약적 경공업에 비교우위가 있었기 때문에 중화학공업화를 육성할 유인이 없었으며, 수출을 중화학공업 중심으로 전환시킨다는 산업 구조적 목표를 달성하기 위한 정부의 선택적 개입은 자본 시장을 왜곡하고 비효율적이면서 고비용을 수반하였다고 비판하였다(The World Bank 1987). 특히 1980년에 한국경제는 유례없는 마이너스 성장을 기록하는 위기를 맞이하였으며, 쿠데타로 집권한 새 정부는 시장 중심으로 정책 기조를 바꾸면서 이전 정부가 추진해 온 중화학공업 육성정책을 실패한 정책으로 규정하였다.

그러나 위기를 벗어난 한국경제가 1980년대 중엽에 3저 호황을 맞이하여 성장을 지속하게 되자, 세계은행과 주류 경제학자들의 평가와는 달리, 수정주의적 견해인 개발국가론은 정책의 동학적 효과를 고려하면서 1970년대의 산업정책을 성공적인 정책으로 평가하였다. 개발국가론에 의하면, 동아시아 후발 공업국의 공통된 특징은 학습을 통한 산업화이고 정부가 시장의 기능을 대신하고 있다는 점이며, 한국의 급속한 경제성장의 핵심적 원인 역시 강력한 정부 주도성에 있었다. 즉, 후발국의 경제성장은 시장 메커니즘에 의한 것이 아니라 정부의 전략적 개입의 결과라는 것이었다(Amsden 1989; Wade 1990).

세계은행도 이러한 수정주의적 견해를 일부 수용하였다. 세계은행은 1991년 보고서에서 동아시아 국가의 정부 정책을 시장 우호적(market-frieudly) 전략이라고 하였고, 특히 1993년 보고서 『동아시아의 기적』에서는 동아시아 국가의 성공이 가능하였던 것은 국가의 선택적 개입주의 정책이 있었기 때문이라고 하였다. 그러나 수정주의적 견해를 일부 수용해 온 세계은행은 1997년 동아시아의 외환위기를 계기로 다시 시장과 자유 경쟁을 중시하는 관점으로 돌아가 산업정책에 대해 부정적으로 평가하였다 (The World Bank 1993; Stiglitz and Yusuf 2001).

세계은행 중심의 주류 경제학과 개발국가론이 보여 준 '시장 대 정부'라는 이분법적 시각과는 달리, 아오키 등은 제도 형성의 측면에서 동아시아 신흥공업국의 정책이 시장 확장적(market-enhancing)이었다고 평가하였다(青木昌彦 外, 1996). 시장 확장적 견해를 가진 연구자들은 시장의 결여로 인해 발생하는 조정의 실패에 주목하여 각국의 정책을 비교제도적으로 분석하였다. 이러한 분석을 통해 그들은 정부의 역할이 시장을 대체하는 것이 아니라 시장에 의한 조정의 실패를 극복하기 위한 제도의 발전을 촉진하고 보완하는 데 있다고 보았다.

이론적으로 산업정책에 대한 평가의 차이는 단기적이고 정학적인 균형론의 관점과 장기적이고 동학적인 발전론의 관점의 차이에서 나온다고 할 수 있다. 동학적 관점에서 정부의 개입에 의한 공업화를 지지하는 이론은 역사적으로 오래전부터 있었다. 선구자는 리스트(F. List) 등 독일 역사학파 경제학자들이며 1세기 후에 거센크론(A. Gerschenkron)은 후발성의 이익(backward advantage)• 가설을 제시하였다. 그에 의하면 후발국의 공업화에서 나타나는 공통된 특징은 국가의 주도성과 특별한 이데올로기의 결합이었다. 후발국의 추격(catch-up) 과정에서 중요한 것은 후발성의 이익을 내부화하는 사회적 능력과 기술적 적합성이다(Abramovitz 1986). 동아시아의 추격 과정을 연구한 스에히로는 공업화의 사회적 능력에서 정부의 능력은 합목적적인 공업화 정책의 수립과 실행에 있다고 하였다(末廣昭 2002).

후발성의 이익: 선진국이 개발하여 사용 중인 기술을 이용함으로써 시행착오의 과정을 거치지 않아도 되는 후발국의 이점. 이 때문에 후발국은 빠르게 선진국과의 기술 격차를 줄이고 성장할 가능성을 갖지만, 가능성이 현실화되기 위해서는 일정한 주체적 조건이 필요하다. 거센크론은 주체적 조건이 희소한 자본과 경영자원을 집중해서 동원하는 것에 있다고 보고 은행과 국가의 적극적인 역할을 중시하였다.

그동안 중화학공업육성정책과 관련하여 이처럼 다양한 연구가 있었지만, 한국이 외환위기를 성공적으로 극복하고 첨단 제조업에서 기술적 두각을 나타내면서 최근에는 한국경제의 발전 경험, 특히 한국의 중화학공업육성정책을 긍정적으로 평가하는 연구가 많아지고 있다(Kohli 2004; Liu 2019; Lane 2021). 중화학공업육성정책에 대한 세계은행의 평가가 한국경제의 상황에 따라 달라지기도 하였지만,

주류 경제학의 정학적 관점보다 동학 이론적 관점에서 이해하는 것이 현실의 변화와 더 잘 부합한다고 생각된다.

중화학공업화는 개도국이 선진 공업국으로 성장하기 위해 반드시 거쳐야 하는 과정이며 한국은 정부가 그 과정을 주도하였다. 이 중화학공업육성정책을 종합적으로 이해하는 것이 이 글의 목적이다. 먼저, 제1장에서는 정책의 배경과 내용(정책의 방향과 추진기구, 자금의 동원과 배분, 다양한 지원 정책)을 살펴본다. 제2장에서는 6개(조선, 철강, 전자, 석유화학, 기계, 자동차)의 산업에서 이룬 기술 추격과 산업 성장의 성과를 설명하고, 제3장에서는 거시적 성장 지표와 효율성 지표, 산업조직과 분배 측면에서 정책의 결과를 평가하며, 마지막으로 정책이 남긴 시사점을 서술한다.

1

중화학공업육성정책

정책의 배경

기본 방향과 추진기구

국내외 자금의 동원과 배분

세제상의 지원과 기타 지원

정책의 배경

자립경제 건설

제2차 세계대전 후 신생 독립한 개도국의 경제 발전 문제는 중요한 이슈였다. 1951년에 아르헨티나 경제학자 프레비시(R. Prebisch)는 1964년 UN 보고서에서 개도국이 종속적 지위를 벗어나기 위해서는 보호무역과 수입 대체적 공업화를 통해 자립적 발전을 해야 한다고 하였다. 이에 개도국의 많은 지도자들은 자립경제를 슬로건으로 내걸고 공업화를 추진하였다. 5.16 이후 출범한 제3공화국의 구호이자 목표도 자립경제•의 달성이었다. 박정희는 비록 쿠데타로 집권하고 독재자라는 오명을 갖고 있지만 자립경제와 자주국방에 대한 일념이 강하였다. 그는 정치나 문화보다 경제를 우선시하였으며 민주주의의 발전과 국방력의 증강도 결국 경제건설에 달려 있다고 생각하였다. 자립경제 달성을 위한 공업화는 기술적으로 용이하고 풍부한 노동력을 활용할 수 있는 경공업을 중심으로 시작되었다. 그러나 노동 집약적인 경공업은 주로 원자재를 수입하여 가공·조립하는 산업이므로 기계와 원료가 해외 의존

자립경제: 다른 사람이나 기관, 국가 등에 예속되거나 의지하지 아니하고 스스로 기능하여 유지되는 경제. 순수한 자급자족 경제(autarchy)가 아니라, 일정한 수준의 1인당 소득에 도달하고 타국에 종속적이지 않은 산업 구조를 갖고 있는 경제를 의미한다.

적이고 부가가치가 높지 않기 때문에 경공업만으로 자립경제를 달성할 수 없었다.

정부는 자립경제 달성을 위해서는 중화학공업이 필요하다고 생각하였으며 그중에서도 석유화학과 철강산업을 중요하게 여겼다. 제1차 경제개발 5개년계획(1962~1966)은 수입 대체를 목표로 비료·정유·제철 공장 등을 건설하고자 하였다. 그러나 그에 필요한 차관 도입이 난항을 보이자 보완계획에서는 제철소 건설계획이 백지화되었다. 정부는 다시 제2차 5개년계획에서 종합제철 건설을 핵심사업으로 추진하였으며, 마침내 대한국제제철차관단(KISA)• 과 1967년 10월에 연산 조강 60만 톤 규모의 제철소 건설계약을 체결하였다. 그러나 세계은행이 종합제철사업의 경제적 타당성에 의문을 제기하자 미국과 서독이 차관 공여를 거부함으로써 이 또한 좌절되었다. 이후 정부는 종합제철사업계획을 재검토하고 사업 규모를 연산 조강 103.2만 톤으로 확대 수정한 후 일본 정부와 외자 교섭에 들어가 대일청구권 자금과 상업차관으로 1970년에 비로소 포항종합제철 건설을 추진할 수 있었다(박기주 2015).

대한국제제철차관단(KISA): 한국의 제철소 건설 사업 자금 조달을 위해 1966년 12월에 결성된 국제 차관단. 1965년 5월에 미국 피츠버그 철강산업 단지를 방문한 박정희 대통령에게 미국 코퍼스(Koppers)의 포이(F. Foy) 회장의 제안에서 시작되었다. 미국의 코퍼스, 블로녹스, 웨스팅 하우스, 서독의 데마그, 지멘스, 영국의 웰먼, 이탈리아의 임피안티, 프랑스의 엠시드로 구성되어 있었다.

정부는 중화학공업 육성을 위해 1967년에 기계

공업진흥법과 조선공업진흥법, 1969년에 전자공업진흥법, 1970년에 철강공업육성법, 석유화학공업육성법, 비철금속제련사업법을 제정하였다. 이 6개의 공업육성법은 상공부 장관이 공업진흥기본계획을 수립하며 육성자금을 조성한다는 규정을 공통적으로 포함하고 있었다. 이들 개별 공업육성법은 전자공업육성법은 제외하면 모두 국산화 또는 국내 수급의 원활화를 지향하고 있었으며, 6개 산업은 이후에 중화학공업육성정책의 대상으로 선정되었다.

방위산업 육성

1970년을 전후하여 한반도를 둘러싼 국내외 정세가 긴박하게 전개되었다. 북한의 청와대 습격과 미군함 푸에블로호 억류 사건(1968년 1월), 울진·삼척 무장공비 사건(1968년 11월), 베트남전 종전을 위한 닉슨 독트린의 불개입 선언(1969년 7월), 아시아 각국의 자주국방론을 명시한 닉슨의 외교백서(1970년 2월), 닉슨 독트린에 따른 미군 철수(1971년 3월), 미·중 화해무드 속에서 닉슨의 중국 방문(1972년 2월) 등 안보와 관련한 문제가 연이어 발생하였다. 특히 주한미군 철수가 가시화되자 자주국방을 위한 방위산업

육성의 필요성이 강하게 대두되었다.

정부는 1969년에 MIT 교수이자 바텔연구소 수석 연구원인 최영화 박사와 한국과학기술원(KIST)에 중공업 건설의 타당성을 조사·연구하는 용역을 의뢰하였다. 1970년 5월에 제출된 연구용역 최종 보고서(「한국 기계공업 육성방향 연구조사보고서」)는 4대 핵공장(중기계, 주물선, 특수강, 조선)을 중점적으로 건설, 육성할 것을 건의하였다. 당시의 긴박한 국내외 정세는 보고서에도 영향을 미쳐, 동 보고서의 계획 목표에 공업화 및 수출 증대와 함께 국방력 강화가 추가되었다. 이로써 중화학공업은 방위산업이라는 의미를 갖게 되었다.

그러나 방위산업이 중요하기는 하였지만 그것이 1970년대 중화학공업정책의 핵심적 배경은 아니었다. 4대 핵공장 사업은 애초에 방위산업을 목표로 한 것이 아니었을 뿐 아니라 방위산업 육성에 대해 거부감을 갖고 있던 일본과의 차관 교섭 과정에서 여러 가지 한계를 노출함으로써 제대로 진행되지 못하였다. 이에 4대 핵공장 사업은 '방위산업으로서의 중화학공업' 육성이 아니라 '중화학공업화를 통한 방위산업' 육성으로 새롭게 전환되고 주무 부서도 경제기획원이 아니라 새로 신설된 대통령 경제 제2비서실로 바뀌었다. 4대 핵공장 사업은 민수 생산에 기초하여 방위산업을 확립하는 것으로 변하였지만 중화학 제품의 수입을 대체하는 정도의 규모로 육성한다는 종래의 사고에서 벗어나지 않았다. 따라서 방위산업으로서의 중화학공업 육성은 이후에 전개되는 수출 지향적 중화학공업 육성과는 일정한 거리가 있다.

수출 구조 고도화

1960년대 들어서면서 원조가 급감하고 일반 수입이 늘어남에 따라 외화 획득을 위해 수출산업의 육성이 필요하였다. 정부는 수출 제일주의 슬로건 하에 수출지향형 성장 전략을 강력하게 추진하면서 수출 확대 기반을 조성하였다. 수출 증대를 위해 정부는 무역거래법을 제정하고 수출진흥위원회를 설치하였으며 매년 수출진흥종합시책을 수립하고 수출의 날을 제정하고 수출 유공자를 표창하였다. 수출지원정책은 1950년대부터 이어져 온 수출입 링그제•와 수출장려 보조금과 같은 직접 지원에서 시작하여 1960년대 후반에 수출금융 지원과 같은 간접

수출입 링크제: 수입과 수출을 서로 연계시켜 수입을 허가하는 제도. 수출업자에게 수출대금 전액을 수입에 사용할 수 있는 권리가 주어지며 이 권리는 양도가 가능하여 수입권 프리미엄 시장이 형성되었다. 1963년에 수출입 링크제는 기존의 수출입 관련 유인체계에 큰 변화가 없는 상태에서 공산품 수출을 촉진하기 위해 대대적으로 실시되어 그해 수출 증가에 크게 기여하였다.

지원 중심으로 이행하였다. 정부의 지원과 우호적인 국제 환경 속에서 1960년대에 수출은 매년 40% 정도의 증가를 기록하였다. 한국의 경제성장에는 이 같은 수출지향형 성장 전략이 중요하였음은 많은 연구가 입증하는 바이다(Westphal 1990).

경제성장 초기에 수출을 주도한 것은 섬유, 합판, 가발과 같은 노동 집약적인 경공업 제품이었다. 수출 구조는 1950년대의 1차산품 중심에서 1960년대의 경공업 제품 중심으로 급격하여 전환하여, 1차산품 비중이 1962년에 73%였으나 1969년에는 21%로 급감한 반면, 공산품은 27%에서 79%로 급증하였으며, 공산품 수출에서 경공업과 중화학공업 제품의 구성은 73.3% 대 26.7%에서 83.4% 대 16.6%로 변하였다. 그러나 경공업 제품의 수출이 증가하면 그것을 위한 원자재와 자본재의 수입이 증가하여 수입 의존도가 높아질 수밖에 없었다. 1960년대 후반에 중화학공업 제품의 수입 의존도는 80%, 자본재의 수입 의존도는 70%에 육박하였으며, 또한 수입품 단가 대비 수출품 단가로 표현되는 교역조건은 1960년대 말부터 악화되었다.

수출은 1970년에 대망의 10억 달러를 돌파할 정

도로 비약적으로 증가하였지만, 주력 수출품인 섬유제품은 다른 개도국의 만만치 않은 추격과 함께 선진국의 보호주의 경향이 강화되어 경쟁력 약화가 우려되고 있었다. 1960년대 말부터 선진 각국은 한국 정부에 대해 섬유 수출 쿼터를 지켜 줄 것을 요구하였으며, 특히 가장 큰 수출 시장인 미국으로부터의 압력이 강하였다. 닉슨은 한국산 섬유류의 수입규제를 대선 공약의 하나로 내세웠으며, 이를 이행하기 위해 미국은 1969년 5월에 한미 상공장관회의에서 한국 측에 섬유 수출의 자율규제를 요청하였다. 닉슨 대통령은 1970년 연두교서에서 섬유 수출국의 자율규제 교섭이 성립하지 않으면 수입제한이 부득이 하다고 하였으며, 섬유산업 관계 의원이 상당한 세력을 잡고 있는 의회에서도 보호무역주의 기운이 높았다(상공부 1971). 한미 간의 섬유 협상은 1971년 10월 16일에 우리 측 상공부 장관과 미국 측 특사가 양국 정부가 쌍무협정을 맺기로 하는 양해각서에 조인하면서 마침내 막을 내렸다. 섬유 협상에서 한국은 양국 간의 관계를 고려해 쿼터 수량과 기간에 대해 배려해 줄 것을 요청하였으나 거절되었다(중화학공업추진위원회기획단 1979). 섬유는 대미수출에서 압도적 비중을 차지하는 수출품이었기 때문에 이 협상 결과는 '섬유산업의 붕괴'로 받아들여질 정도였다. 한미 간의 쌍무협정은 이후 다자간 섬유류 수출규제를 위한 직물협정(MFA)으로 이어지고, 미국에 이어 캐나다와 유럽에서도 섬유류에 대한 보호무역 경향을 보이면서 한국의 섬유 수출 환경은 더욱 불리해졌다.

이 같은 상황에서 1970년 초에 상공부는 획기적인 수출 증대를 위한 중장기 계획으로 '1971~1980년의 장기수출계획과 목표달성 방안'을 작성하여 2월의 수출진흥확대회의•에서 보고하였다. 그동안 매년 수출 목표를 초과 달성하면서 자신감을 가진 상공부가 동 계획에서는 경공업 제품으로 지속적인 수출 증가를 유지하는 데 한계가 있음을 인식하고 1980년 수출 목표 53.6억 달러 중에서 중화학 제품이 차지하는 비중을 1970년의 19.5%에서 42.1%로 크게 증가시켰다. 상공부는 1972년 8월 수출진흥확대회의에서 1976년 수출 목표를 44.6억 달러로 상향 수정하고 수출 증가의 대부분을 중화학 제품으로 채우겠다고 보고하였으며, 대통령은 1972년 11월 월간경제동향회의•에서 '1980년 수출 100억 달러, 1981년 1

수출진흥확대회의: 1960년대 중엽부터 대통령의 참석하에 거의 매월마다 개최되었으며 우리 경제의 가장 중요한 성장 동력인 수출 성과를 점검하고 대책을 마련하며 수출 일선에 있는 민간의 요구를 청취하는 회의.

월간경제동향회의: 1960년대 중엽부터 대통령의 참석하에 거의 매월마다 개최되었으며 월간 경제 동향과 정책의 성과와 대책을 논의하고 각 경제 부처의 현안과 업무 추진을 위한 필요 사항을 보고하는 회의.

인당 소득 1,000달러' 목표를 설정하여 추진하도록 지시하였다. 이에 12월에 상공부는 다시 중화학공업 제품 중심의 '1980년도 100억 달러 수출계획'을 수립하였으며 이는 이후 중화학공업정책의 수립과 실행에 가장 중요한 슬로건이 되었다.

국제 분업 재편과 국제 금융 시장

제2차 세계대전 이후 완전고용정책에 기반한 선진국의 자본축적 양식은 세계경제의 황금기를 가져왔다. 생산성과 1인당 자본량이 급증하였으며 정부는 기술혁신에 따른 실업을 피하고 경기불황을 저지하기 위한 완전고용정책을 유지하였다. 그러나 1960년대 말에 이르면 생산성 상승이 전반적으로 둔화되고 수익률에 적신호가 켜지고 환경 문제가 대두하면서 선진국의 전후 자본축적 양식은 한계를 드러냈다. 이에 선진국은 고부가가치의 기술 집약적인 엔지니어링 첨단 산업에 집중하고 비교적 노동 집약적이고 단(單)기능적인 사양 산업을 신흥공업국으로 이전함으로써 저임금 노동력을 이용하여 이윤을 확보하는 방식으로 국제 분업 구조를 재편해 갔다. 이것이 당시 개도국이 추진한 중화학공업화의 세계경제적 배경이었다. 선진국은 스태그플레이션을 경험하고 있었지만 산업 구조의 전환을 시도한 개도국은 국제적으로 확대된 분업을 통해 중진국으로 도약할 수 있었다.

후에 중화학공업육성정책의 실무 책임자가 되는 청와대 경제 제2수석 오원철은 당시 일본 정부의 '일본열도 개조론'을 거론하면서 일본에서 사양화되어 가는 산업을 적극 유치할 것을 대통령에게 브리핑하였다. 1950~1960년대에 고도성장기를 거친 일본경제는 철강, 조선, 화학과 같은 노동 집약적이고 공해 유발적인 산업을 한국으로 이전함으로써 한국에 대한 기술 및 소재·부품 수출 효과를 기대하였기 때문에 한국의 중화학공업육성정책에 대한 협력에 비교적 호의적인 입장이었다. 따라서 한국은 중화학공업 육성을 위해 일본으로부터 중화학공업을 이전 받고 일본의 경험을 학습할 수 있었다.

또한 당시 개도국이 중화학공업화를 통해 산업구조 전환을 할 수 있었던 배경에는 국제 금융 시스템이 있었다. 전후에 성립한 브레튼우즈 체제• 하의 달러 금본위 통화질서는 1971년 8월에 미국이 달러 금태환 정지를 선언함으로써 붕괴하였다. 이로 인

브레튼우즈 체제: 제2차 세계대전 후 성립한 달러 금본위 국제통화질서로서, 금준비금을 궁극적 기초로 하되 미국이 금 1온스와 35달러의 태환을 유지하고 다른 통화의 환율을 달러에 고정하는 시스템. 이로써 공급이 비탄력적인 금을 대신하여 달러가 사실상 유일한 대외준비금, 즉 기축통화 역할을 하게 되었다.

해 전후에 미국 역외로 방출된 막대한 달러가 미국 내로 환류되지 못한 채 국제 통화로 남게 되었지만 투자 기회가 감소한 결과 국제 유동성은 과잉 상태가 되었다. 게다가 제1차 석유파동에 의한 산유국의 흑자가 국제 금융 시장에 유입되면서 국제 유동성을 더욱 확대시켰다. 과도하게 누적된 유로 달러와 산유국의 오일 달러에 의해 형성된 과잉 유동성으로 인해 유로 크레디트• 시장에서 실질금리는 하락하였으며, 국제 금융기관들은 투자 기회가 줄어든 선진국보다 비교적 높은 성장을 보인 개도국(멕시코, 브라질, 한국 등)에 대한 대부를 선호하였다. 그 결과, 개도국에 대한 가산금리가 하락하고 상환기간의 장기화도 가능하였으며 국제 금융 시장에서 금융기관에 의한 상업차관이나 뱅크 론(bank loan)이 확대되었다. 유로 크레디트는 1970년 47억 달러에서 1981년 1,334억 달러로 급증하였으며, 이 대부 시장에서 개도국의 비율은 1970년에 9.4%에 불과하였으나 1975년까지 52.9%로 크게 증가하였고 1970년대 후반 내내 50%대를 유지하였다(박기주 2017).

유로 크레디트: 만기 1년 이상의 유로 커런시 중장기 자금시장이며 유로 론이라고도 함. 유로 커런시는 국민통화가 발행국 영역을 벗어나 유럽 소재 금융기관에 예치되어 거래되는 자금을 말한다.

기본 방향과 추진기구

수출형 중화학공업

'1980년 100억 달러 수출과 1인당 소득 1,000달러'라는 목표에 대한 타당성은 1972년 9월부터 청와대 경제 제1비서실이 검토하였으며, 수출 목표 달성을 위한 중화학공업의 업종별 육성계획의 시안을 상공부가 주축이 되어 1972년 12월~1973년 1월에 작성하였다. 그리고 1972년 12월 말에 상공부는 100억 달러 수출계획을 확정하였으며 경제 제2비서실이 『공업구조개편론』이라는 청사진을 대통령에게 보고하였다. 이상을 근거로 대통령은 1973년 1월 초 연두기자회견에서 중화학공업정책을 선언하였다. 이 선언은 불황을 타개하고 고도산업사회의 번영을 향한 국가 발전의 장기 비전을 제시한 것이었다. 대통령은 "80년대 초에 우리가 100억 달러의 수출 목표를 달성하려면, 전체 수출상품 중에서 중화학 제품이 50%를 훨씬 더 넘게 차지"해야 하며, "그러기 위해서 정부는 지금부터 철강, 조선, 기계, 석유화학 등 중화학공업 육성에 박차를 가해서 이 분야의 제품 수출을 강화하려고 추진"한다고 하였다. 이로써 중화학공업을 수출산업으로 육성하는 정책이 공식적으로 출범하였다. 『공업구조개편론』은 1월 말에 전 국무위원에게 보고되었으며, 이를 토대로 중화학공업추진위원회기획단이 6월에 「중화학공업육성계획」을 수립하였으며(목표연도를 1981년으로 변경), 경제기획원은 8월에 『장기경제전망(1973~1981)』을 발표하고 그것을 보완하여 12월에 『우리경제의 장기전망 1972-1981』을 발간하였다. 경제기획원은 10년 동안 제조업에서 중화학공업의 비율이 35.2%에서 51.0%로 변하고, 수출에서 공산품의 비율은 87.7%에서 93.5%로 높아지고, 공산품 수출에서 중화학공업제품의 비율은 27.0%에서 65.0%로 비약적인 상승을 보일 것으로 전망하였다(표 1).

정책의 기본 방향은 『공업구조개편론』보다 앞서 대통령에게 보고된 「중화학공업화와 80년대의 미래상」에 제시되었는데, 그것을 요약하면 다음과 같다. (1) 국제 경쟁력이 생길 때까지 정부가 지원하고 이후에 민간 주도로 전환하며, (2) 선도적 역할을 할 업종은 연관성과 타이밍을 고려하여 선정하며, (3) 공장을 국제 규모화함으로써 품질과 가격에서 국제 경쟁력을 갖도록 하며, (4) 국내 수요가 적어 부

| 표 1 | 경제기획원 장기 경제전망

	국민총생산 십억 원	1인당 소득		총투자 십억 원	(국내 저축) %	제조업 십억 원	(중화학) %
		천 원	달러				
1972	3,027	94	302	666	66.5	765	35.2
1973	3,359	102	341	832	69.4	919	36.4
1974	3,662	110	384	913	77.5	1,065	37.8
1975	3,991	118	433	1,054	80.7	1,236	39.6
1976	4,351	127	488	1,177	84.5	1,433	41.8
1977	4,829	139	562	1,394	85.0	1,677	43.8
1978	5,360	152	645	1,586	89.0	1,954	46.0
1979	5,950	166	743	1,797	92.9	2,276	48.2
1980	6,605	182	854	2,039	96.9	2,652	50.5
1981	7,331	200	983	2,328	100.9	3,089	51.0

	수출 백만 달러	공산품 백만 달러	(공산품) %	(중화학) %	수입 백만 달러
1972	1,676	1,470	87.7	27.0	2,254
1973	2,350	2,080	88.5	31.3	3,104
1974	2,940	2,628	89.4	36.2	3,443
1975	3,612	3,247	89.9	39.5	4,096
1976	4,407	3,984	90.4	44.0	4,798
1977	5,290	4,819	91.1	48.2	5,694
1978	6,350	5,816	91.6	52.5	6,597
1979	7,620	7,041	92.4	56.4	7,660
1980	9,145	8,505	93.0	60.5	8,871
1981	10,970	10,257	93.5	65.0	10,289

자료: 경제기획원(1973).

득이하게 단일 공장을 건설할 수밖에 없으므로 독점기업을 지원함으로써 국제 경쟁 단위의 공장을 건설하며, (5) 국제 규격의 품질을 갖춘 생산을 위해 수출을 통해 국제 무대에서 경쟁하도록 한다는 것이었다(박기주 2015). 한마디로 중화학공업을 수출산업으로 육성하겠다는 것인데, 이는 중화학공업육성정책의 가장 큰 특징이자 도전이었으며 1960년대에 시도한 수입대체형 중화학공업 육성과 크게 다른 점이라고 할 수 있다.

『공업구조개편론』에 의하면 선정된 6개 산업(기계, 화학, 전자, 철강, 조선, 비철금속)의 육성 목표는 다음과 같다. 기계산업은 수출 제품 생산을 기본 지침으로 하고 최종 제품의 50%를 수출한다. 화학산업은 대규모 종합화학기지를 건설하여 국제 경쟁력에서 우월성을 갖도록 한다. 전자산업은 수출전략산업으로 육성하여 수출 25억 달러를 달성하고 제품과 부품의 수출을 적극 추진하여 생산의 75% 이상을 수출한다. 철강산업은 강재의 수입 의존을 탈피하고 수출을 하기 위해 1,000만 톤 이상의 선강 일관제철소와 철강제품 생산설비를 동일 장소에 건설한다. 조선산업은 유리한 조건에 있으므로 신규 조선소를

100만 톤 이상의 규모로 대형화한다. 비철금속은 선진국에서 공해 때문에 점차 사양화되고 있지만 수출산업으로 각광받을 수 있으므로 처음부터 대규모로 수출산업화한다.

『공업구조개편론』에 제시된 중화학공업육성정책의 기본 방향에서 가장 중요한 점은 품질과 가격면에서 수출 가능성이 있어야 하므로 국제 경쟁력이 있는 규모의 시설을 건설한다는 것이었다. 중화학공업은 규모의 경제 효과가 크며, 따라서 경쟁력을 갖기 위해서는 처음부터 일정 규모 이상의 대규모 설비투자가 필요하다. 그로 인해 발생하는 셋업 비용(set-up cost)•은 소국 경제의 민간 기업이 부담하기 쉽지 않다. 국내 시장이 충분히 크다면 기업이 적정 규모의 설비를 가질 때까지 국내 시장을 보호함으로써 산업이 성립할 수 있지만, 국내 시장이 협소하면 국내 수요를 초과하는 잉여분을 해외에 판매할 수 있어야 한다. 따라서 설비가 국제 경쟁력이 있는 적정 규모를 넘어서고 더 이상의 지원이 없어도 기업 스스로 생산을 유지, 확대해 갈 수 있을 때까지는 금융 및 세제상의 지원이 불가피하다(박기주 2014).

셋업 비용: 상당히 대규모로 생산하지 않으면 고정 비용을 회수하기 어려운 산업에서 최소의 적정 생산 규모를 넘어설 때까지 불가피하게 발생하는 고비용과 비효율성, 기술 및 기술인력 확보의 어려움. 대규모 설비투자가 필요하고 규모의 경제 효과와 연관 효과가 큰 산업일수록 셋업 비용이 클 가능성이 있다. 그런 산업이 성립하여 비용을 상회하는 잉여를 발생시킬 수 있다면 산업 초기의 셋업 비용을 사회가 부담하는 것이 사회적으로 바람직하다.

중화학공업추진위원회

중화학공업육성정책의 추진에는 정부의 여러 관계 부처의 긴밀한 협조가 필요하였다. 중화학공업정책 선언 이후 대통령의 지시로 2월에 중화학공업추진위원회가 조직되었으며, 3월과 5월에 정부조직법에 관련 조항이 신설되고 위원회 설치령이 제정되었다. 중화학공업추진위원회는 위원장인 국무총리와 경제기획원, 재무부, 문교부, 상공부, 건설부, 과기처, 제2무임소 장관 등의 당연직 위원과 기타 학식 경험이 풍부한 사계(斯界)의 인사로 구성되었다. 위원회는 중화학공업 육성을 위한 종합계획, 중화학공업의 입지계획, 부문별 추진계획, 중화학공업의 육성에 관련된 제반 지원계획 및 추진 상황에 대해 심의·의결하는 기구였다.

수출진흥확대회의나 월간동향경제보고회의와 마찬가지로 추진위원회 회의의 대부분은 대통령이 직접 주재하였다. 추진위원회는 1973년과 1974년에 총 18회의 회의가 열린 뒤 1974년 8월 회의를 끝으로 더이상 개최되지 않았는데, 이는 정책 추진에 있어서 입법이 필요한 주요 계획이 마무리되었기 때문이었다. 추진위원회 회의는 실무 단계에서 작성되고 조율된 주요 계획안이 보고되고 대통령이 직접 구체적인 정책 방향을 지시하는 자리였으며, 국정의 최고 책임자를 중심으로 정책이 일사분란하게 추진되고 있었음을 보여 준다(김성남·박기주 2014).

추진위원회 회의는 실질적으로 정부의 공식 의결기구인 국무회의나 경제장관회의에서의 심의 과정을 대체한 것으로 보인다. 예컨대, 중화학공업을 육성하는 데 필요한 융자자금을 조성하기 위한 국민투자기금법안은 추진위원회에 상정되었으며, 몇몇 부처의 사소한 반대가 있었지만 대통령의 승인을 받은 후 곧바로 경제장관회의와 국무회의의 의결을 거쳐 국회에 제출되었다. 정부의 공식적인 결재 라인은 형식적으로 유지하되, 중화학공업 관련 정책의 심의는 추진위원회 회의에서 실질적으로 완결되는 식이었다.

한편, 추진위원회 산하에는 실무작업을 위한 상설기구로 기획단이 설치되었다. 기획단장에는 경제 제1수석(후에는 제2수석), 위원에는 당시 각 부처 차관보나 국장급이 임명되었다. 1974년 전반기까지 법령 제정 및 계획 작성이 마무리된 후, 2대 기획단장으로 오원철이 취임하였다. 오원철은 경제 제2비서실이 설치되는 1971년 11월부터 그것이 해체되는 1979년 12월까지 경제 제2수석으로 재임하면서 중화학공업육성정책을 지휘한 핵심 인물이었다.

기획단은 출범한 이후에 중화학공업 추진계획의 개별 프로젝트를 기술적 측면에서 검토하는 역할을 하였다. 오원철이 기획단장으로 부임하면서 관계부처 차관보급 또는 국장급 회의와 같은 실무단계에서의 부처 간 협의가 정책 수행에 중요한 역할을 하였다. 실무회의는 1979년까지 총 200여 회 개최되어 1,000여 건의 안건을 처리하였다(김광모 1988). 기획단은 중화학공업육성정책의 총괄계획인 「중화학공업육성계획」을 통해 중화학공업을 수출 산업으로 육성해야 한다는 점을 재차 천명하고 6개 중점육성 산업별 추진 목표를 수립하였다. 기획단은 산하의 각 실무위원회를 통해 각 부처의 안건을 통합·조정하고 중화학공업육성정책과 관련하여 정부각부를 통괄하였다. 또한 기획단의 외곽 기술자문기구로 7개 조사연구위원회가 구성되었다.

중화학공업 육성은 1970년대에 가장 중요한 정책 목표였다. 대통령은 수시로 중화학공업 육성을 통한 수출 증대를 강조하였으며, 매년 10월 4일에는 국회 시정연설에서 중화학공업 육성이 주요 시책임을 빠짐없이 언급하였다. 정책을 추진하는 기획단은 매월의 추진 현황과 분기별 현황을 상세하게 파악하고 계획 목표와 실적을 확인하여 「중화학공업 추진 현황」이라는 보고서를 작성하였으며, 중화학공업육성정책이 중단되는 1979년에는 3권으로 구성된 『한국공업화발전에 관한 조사연구』라는 중요한 자료집을 남겼다(권별 부제는 각각 중화학공업발전사, 중화학공업화 정책사, 정책결정과정의 이면사이다).

국내외 자금의 동원과 배분

국민투자기금에 의한 금융

자본축적 기반이 취약한 경제에서 중화학공업 육성과 같은 대규모 자금 투입이 필요한 정책을 추진할 때 무엇보다도 가장 중요한 문제는 자금을 조달하고 그것을 해당 기업에 적절하게 배분하는 것이었다. 정부는 민간 기업이 정부의 계획을 철저히 준수하도록 고안된 인센티브를 사용하였다. 그중에서 아마도 가장 널리 사용된 것은, 정부 통제하에 있는 일반은행과 특수은행을 통해 제공되는 신용에 대한 차별적 허용이었다. 또한 매력적인 자금 원천인 해외 차입은 정부의 승인이 필요하기 때문에, 정부가 그 배분을 대부분 통제할 수 있었다. 먼저 국내자금의 동원에 대해 살펴보자.

기획단은 중화학공업 육성에 필요한 투자액을 총 96억 달러로 계획하였으며, 투자 소요액 중 40% 정도는 재정 투융자를 포함한 내자로 조달함으로써 외자가 60%를 넘지 않도록 하고 외자 사용은 해외로부터의 자본재 도입에 한정하였다. 또한 민간 기업이 최소 30%의 자기자본율을 유지하도록 하였다. 외자 도입 및 사용과 자기자본율에 제한을 둔 것은 무분별한 외자 도입과 기업 부실을 막기 위한 것이었다. 이런 계획하에 중화학공업육성정책 기간 동안 실제로 투자된 금액은 1979년까지 총 4.1조 원(약 82.7억 달러)이었다. 두 번의 석유파동으로 계획의 수정이 있었음을 감안해야 하지만, 당초 투자계획인 96억 달러의 86%만을 투입하였으며 목표연도보다 앞당겨 1977년에 수출 100억 달러, 1인당 소득 1,000달러 목표를 달성하였을 뿐 아니라 중화학공업의 생산 비중과 수출 비중에서도 계획 목표를 달성하였다. 투자재원별 실적을 보면, 총투자액 중 외자는

| 표 2 | 중화학공업 부문별 투자 소요 예정과 실적

		투자 소요액(1973~1981, 백만 달러)				투자 실적(1973~1979)			
		외자	내자	합계	%	내자 (십억 원)	외자 (백만 달러)	합계 (십억 원)	%
시설 투자	철강	1,502	674	2,176	22.7	601	1,375	1,268	30.7
	비철금속	222	123	345	3.6	114	178	199	4.8
	기계	1,049	1,137	2,186	22.8	150	121	209	5.0
	조선	416	352	768	8.0	493	1,212	1,095	26.5
	전자	593	599	1,192	12.4	452	258	578	14.0
	화학	1,523	662	2,185	22.8	196	15	204	4.9
	소계	5,305	3,547	8,852	92.3	2,007	3,159	3,553	85.9
기타	지원시설					201		201	4.9
	기지조성					155		155	3.7
	인력개발					71	56	99	2.4
	연구개발					90	80	129	3.1
	소계	468	273	741	7.7	517	136	583	14.1
합계		5,773	3,820	9,593	100.0	2,523	3,295	4,136	100.0
(%)		60.2	39.8	100.0		61.0	39.0	100.0	

자료: 김광모(1988: 310, 312).

39.0%인 32.9억 달러로 당초 계획보다 매우 낮았던 반면, 내자가 61.0%인 2.5조 원(내자의 반은 자기자본)이었을 정도로 내자 동원 실적은 계획을 크게 능가하였다(표 2).

중화학공업 육성을 위한 내자 동원에는 직접금융 방식과 간접금융 방식이 있었다. 정부는 이미

1972년 말에 기업공개촉진법 제정을 통해 기업 공개를 강제하였지만 당시 주식 시장이 미발달한 상태여서 직접금융 방식의 자금 조달은 쉽지 않았다. 또한 중화학공업에는 막대한 설비 투자가 필요한데, 수익률과 대출금 회수 가능성이 불투명하기 때문에 금융기관이 중화학공업에 필요한 자금을 대출해 줄 것으로 생각하기도 어려웠다. 이에 중화학공업에 대한 투자를 위해 소위 정책금융이라는 다소 강제적인 간접금융 방식이 동원되었다.

1973년에 국내 금융기관의 총대출 잔고는 19조 원이고 그중에 제조업이 9.7조 원, 중화학공업이 4조 원을 차지하였으나, 1979년에 이르러 금융기관의 총대출 잔고는 111조 원으로 증가하였고 그중에서 제조업이 59.4조 원, 중화학공업이 34조 원을 차지하였다(한국은행 1980). 즉, 금융기관의 대출이 크게 증가하는 가운데 제조업, 특히 중화학공업에 대한 대출이 급증하였다. 그런데 중화학공업에 대한 산업은행과 특수은행의 대출 대부분과 일반은행의 대출 일부는 사실 국민투자기금에서 나온 것이었다. 1974년에 설치된 국민투자기금이 1979년까지 중화학공업에 대한 금융기관의 대출에서 차지하는 비중은

60% 이상이었다(한국은행 1989).

잘 알려진 대로, 정부는 중화학공업 육성에 필요한 재원을 확보하기 위해 1973년 12월에 국민투자기금법을 제정하고 국민투자기금을 설치하였다. 국민투자기금은 중화학공업 육성에 필요한 자금 조달을 위해 국내 저축을 동원하는 제도적 장치였다. 그것의 주요 재원은 국민투자채권 발행과 금융기관의 예탁금이었다. 동 기금법은 금융기관의 저축성 예금 증가액 20%를 기금에 예탁하도록 규정하였기 때문에, 민간 저축이 증가하면 기금의 규모도 자동적으로 증가하였으며 금융기관 예탁금이 기금의 절반을 차지하였다. 국민투자기금은 민간 저축을 정책금융으로 운용한 채널이며 인플레이션 유발을 피하는 재원 조달 방식이었다. 금융기관의 예탁금과 국민투자채권 발행을 통해 조성된 기금은 중화학공업 등의 중요 산업에 투·융자되었다.

국민투자기금법은 재무장관이 국민투자채권의 발행 및 상환과 기금의 운용·관리 사무를 한국은행 총재에게 위임할 수 있도록 규정하였다. 국민투자기금의 조달 및 운용계획, 결산 및 기타 중요 사항을 심의하게 하기 위해 '국민투자기금운용심의회'를 두었으며, 재무부 장관은 매 회계연도마다 기금의 조달 및 운용계획을 작성하고 심의회의 의결과 국무회의의 심의를 거쳐 대통령의 승인을 받았으며, 기금의 운용·관리 사무를 위임받은 한은 총재는 융자 대상, 융자 금액, 융자 취급 은행, 은행별 취급 한도와 자금 용도를 정한 '자금지원요령'을 작성·시행하였다.

융자기간은 설비자금이 8~10년 이내, 운전자금이 3년 이내이고 설비자금에 대해 3~5년의 거치기간이 주어졌다. 취급 은행은 융자 조건, 자금 성격, 내용연수(耐用年數)를 심사하여 융자기간을 결정하였으며 여타 자금보다 기간이 안정적이었다. 국민투자기금에 의한 대출은 국민은행, 한국주택은행 및 외국은행 국내 지점을 제외한 모든 금융기관이 취급하였으나, 산업은행을 통한 융자가 60~70%를 차지하였으며, 산업은행을 포함한 특수은행이 80% 이상을 차지하였다. 융자 대상에서 중화학공업(국산 기계 구입, 기계공업체 건설, 기타 중화학공업)이 60% 정도를 차지하였고, 거기에 중화학공업과 무관하지 않은 전기업과 연불수출에 대한 금융까지 합하면 90%였다(한국은행 1989).

중화학공업의 수출품에 대해서는 저리의 수출 금융 지원이 있었다. 수출 장려를 위한 금융 지원은 1960년대부터 매우 중요한 정책 수단이었다. 수출 금융의 특혜를 누릴 수 있었던 대상이 1960년대에는 경공업이었지만 1970년대에는 점차 중화학공업으로 바뀌었다. 수출에 대한 금융 지원뿐 아니라 원자재의 국산화 비율을 제고하기 위해 수출품용 원자재의 국내 생산자에게는 수출 금융에 준하는 우대자금을 융자하였으며, 국내에서 생산되지 않는 수출품용 원자재를 수입할 경우에는 수입 금융을 통해 부담을 경감시켜 주었다.

높은 인플레이션과 함께 자금 수요가 매우 컸던 시기였기 때문에 대출을 받을 수 있다는 것은 그 자체가 해당 기업에게는 혜택이었을 뿐 아니라, 금융 비용 면에서도 유리하였다. 그림 1과 같이, 1970년대에 수출 금융, 기계공업육성자금(MIPF) 및 국민투자기금(NIF)과 같은 정책금융의 금리는 일반 금리보다 낮고 서로 간에 약간의 차이가 있었다. 국민투자기금 금리는 12%에서 점차 상승하였지만, 일반 대출 금리보다 2~3%p 낮았고 회사채 금리에 비해서는 현저히 낮은 수준이었으며, 인플레이션율이 회사채

| 그림 1 | 각종 금융의 금리 추이

(단위: %)

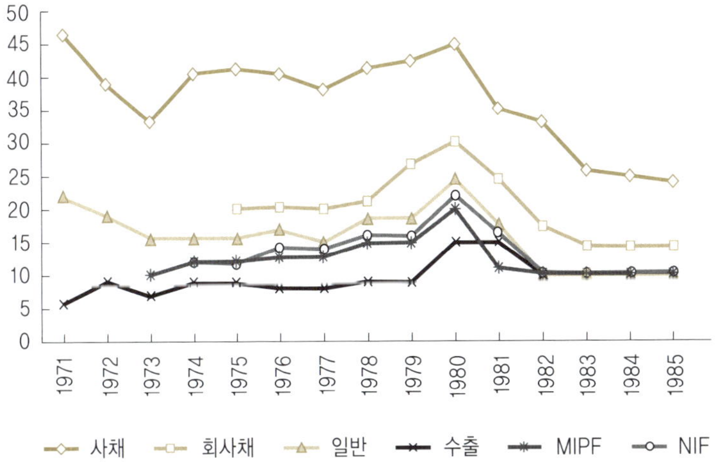

주: 1982년은 6월 통계이며, 구간 이자율로 제시된 경우(1981, 1984, 1985년의 일반, MIPF, NIF)는 하한 값을 사용하였다.
자료: The World Bank(1987: 112).

금리와 비슷하였기 때문에 실질적으로는 마이너스 금리였다고 할 수 있다. 그러나 이는 1970년대까지였으며, 1980년대에 경제정책의 기조가 정부 주도에서 시장 중심으로 변하고 저물가의 시대로 접어들면서 금리는 전반적으로 하락하였다. 그리하여 1982년부터는 정책금융 간의 금리 차이가 사라지고 일반 금리와의 차이도 사라졌다.

중화학공업 육성을 위해 정부는 예금 금리를 높

게 설정하여 국민투자기금을 조성하고 그것을 낮은 금리로 기업에게 대출하였다. 가령 기금 운용 초기에 12%의 금리로 기금을 조성하여 은행이 9%의 금리로 기업에게 융자하였으며 한국은행은 그보다 낮은 7.5%로 은행에 대하(貸下)하였기 때문에, 사실상 기금과 관련한 예금과 대출 간에는 4.5%의 금리 차이가 존재하였다. 이 같은 기금 운용 구조로 인해 매년 기금에 손실이 발생하기 때문에 정부는 재정자금(경제개발특별회계)에서 이차(利差) 보전금을 받아 그 손실을 메웠다.

차관 도입을 통한 금융

정부에 의한 금융 배분에서 또 하나 중요한 것은 차관이었다. 외자에는 차관, 금융기관 차입, 민간 차입, 외국인 직접투자가 있으며, 차관에는 공공차관과 상업차관이 있었다. 한국은 다른 개도국과 달리, 외국인 직접투자는 미미한 수준이었고 민간 차입은 무역 신용 등의 단기 차입이었으며, 뱅크 론과 리파이넌스(refinance) 등의 금융기관 차입은 1970년대 말부터 급증하였다. 따라서 1970년대 말까지 외자의 대부분을 차지한 것은 공공차관과 상업차관이었다.

공공차관은 정부가 직접 또는 법인이 정부의 지급 보증하에 외국 정부나 경제협력기구로부터 도입하는 것이며, 상업차관은 민간 부문이 자본재나 원자재 도입을 위해 재무부의 허가를 받아 도입하는 것이었다. 상환 만기로 보면 공공차관은 모두 장기 차관이고 상업차관도 장기 차관이 80% 이상이었다.

주로 재정차관 형식인 공공차관은 대부분 사회간접자본(SOC) 건설과 농업 개발에 사용되었고 제조업 관련은 5% 내외에 불과하였다. 상업차관은 주로 제조업 관련 시설과 사회간접자본 건설을 위해 도입되었다. 상업차관 중 제조업 관련이 1966~1972년, 1973~1978년, 1979~1985년에 각각 53.9%, 69.0%, 44.8%로 과반을 차지하였으며, 특히 중화학공업이 31.6%, 48.9%, 37.2%로 큰 비중을 차지하였다(재무부·한국산업은행 1993). 차관은 주로 설비투자에 사용되었기에 설비투자액이 급증하는 1970년대에 설비투자액에서 외화자금(대부분이 차관)의 비중은 40%대로 높아졌으며 1980년대에 다시 20%대로 하락하였다(김상조 2011).

차관을 제공하는 채권국 입장에서 중요한 것은 채무국의 차관 상환 가능성이었다. 특히 중화학공업 육성을 위한 차관은 채권국 입장에서 볼 때 리스크가 크기 때문에 정부의 지급 보증이 있어야 하였다. 따라서 정부는 차관 도입에 대한 허가와 지급 보증을 통해 외화자금을 중화학공업에 배분할 수 있었다. 앞의 표 2에서 확인하였듯이, 「중화학공업육성계획」에 의하면 중화학공업에 대한 투자 총액은 96억 달러였으며 이 중 외자가 60.2%인 57.8억 달러였으나, 1973~1979년에 중화학공업 육성을 위한 투자액 중 외자는 39.0%인 32.9억 달러로 계획에 크게 미치지 못하였다. 이는 정부가 내자를 적극적으로 동원한 때문이며, 또한 1960년대 말의 차관기업 부실의 경험이 있어 무분별한 외자 도입에 신중하였기 때문이라고 할 수 있다.

차관 도입의 이점을 보여 주는 것은 해외 차입의 실질 비용이다. 표 3에서 보듯이, 1960~1970년대에 국내 은행의 대출 금리와 국외 금리 간에는 큰 차이가 있었으며, 환율 절하를 감안한 국내외 명목 금리의 차이(국내-국외)는 항상 플러스였다. 게다가 1960~1970년대는 국내 물가상승률이 높았던 시기였기 때문에 해외 차입의 실질 비용은 마이너스 상태였다. 따라서 이 시기에 외자를 이용할 수 있었던 기

| 표 3 | 국내외 금리 차이와 해외 차입 실질 비용

(단위: %)

	1966~1970	1971~1975	1976~1980	1981~1983	1984~1985	1986
국내 은행 대출 금리(a)	24.4	17.4	18.0	13.8	10.0	10.0
장외 시장 금리	54.2	40.1	41.4	30.5	24.4	23.2
국외 금리(b)	7.2	7.9	9.5	13.0	9.5	6.7
환율 절하(c)	3.1	9.3	4.7	8.5	5.9	1.3
국내 물가상승률(d)	15.4	18.8	20.9	8.5	4.0	1.4
국내외 금리 차이(a-b-c)	14.1	0.2	3.8	7.7	5.4	2.0
해외 차입 실질 비용(b+c-d)	-5.1	-1.6	-6.7	13.0	11.4	6.6

자료: Collins and Park(1989: 177).

업은 그만큼 금융 비용상 크게 유리하였다. 그러나 1970년대 말 선진국의 금융 긴축으로 금리가 상승하고 유동성 과잉이 유동성 부족으로 반전하면서 국제 금융 시장은 수요자 중심에서 공급자 중심으로 변하였다. 그로 인해 해외 금리가 대폭 상승한 결과, 1980년대에는 환율 절하에도 불구하고 국내외 금리 차이가 역전되었으며 해외 차입의 실질 비용은 플러스로 바뀌었다. 세계 금융 시장이 불안정해지면서 차관 도입이 어려워지고 비용상의 이점도 사라지면서 1980년대에 제조업 설비투자에서 외화자금이 차지하는 비중은 크게 감소할 수밖에 없었다.

세제상의 지원과 기타 지원

중화학공업 육성을 위해 정부는 금융적 지원과 함께, 세제상의 지원도 하고 산업기지를 조성하고 인력도 양성하였다. 먼저, 세제상의 지원을 보기로 한다. 정부는 1975년의 조세감면규제법 개정을 통해 중요 산업에 대한 조세특례 규정을 도입하고 중요 산업에 속한 기업들에 대해 조세 감면, 투자세액 공제, 특별 감가상각 중 한 가지의 혜택을 받을 수 있도록 하였다. 조세 감면은 법인세를 3년간 100% 완전 면제해 주고 다음 2년간은 50% 감면해 주는 제도이며, 투자세액 공제는 기계류 설비투자에 한하여 투자액의 8%(국산 기계류를 사용하는 경우 10%)를 세액 공제해 주는 제도였다. 특별 감가상각은 정상적인 법정 내용연수에 의해 계산된 감가상각액을 100% 증가시켜 줌으로써 감가상각 기간을 단축시켜 납세 연기의 혜택을 부여하는 제도였다. 이 같은 혜택은 석유화학, 조선, 기계, 철강 등 모든 중화학공업 분야에 주어졌다.

또한 정부는 1973년 2월에 관세법 개정을 통해 중간재와 자본재에 대한 관세율을 높이고 경공업 및 최종 소비재에 대한 관세율을 낮추었다. 이로써 평균 관세율을 38.8%에서 31.3%로 인하하였으나 중화학공업 보호를 위해 일부 품목의 관세율을 인상하였다. 1975년에는 자본재의 수입 대체를 촉진하기 위해 동종 품목의 수입을 규제하는 수입한도제, 외화할당제, 수출입 링크제하의 수입 조정 등의 수입 관리 방식을 도입하였으며, 중화학공업 시설용으로 국내 제작이 불가능한 부분품 및 원재료에 대해서는 관세를 감면하였다. 1976년에도 전면적인 개정으로 중간재와 자본재에 대한 관세율을 인상하고 소비재에 대해서는 인하하였다. 이처럼 정부는 중화학공업을 수출산업으로 육성한다는 목표하에 주요 중간재 및 자본재를 국산으로 대체하기 위한 보호 정책을 시행하였다. 1967년 9월에 수입금지 품목을 제외하고 시장을 개방하는 네거티브 시스템을 도입한 이래로 점차 확대되어 오던 무역자유화는 1970년대에 중화학공업 육성과 관련해서는 부분적으로 후퇴하였다.

이러한 정부의 세제상의 지원 및 보호 정책은 기업의 중화학공업 투자를 유인하였다. 관세 등에 의한 보호 효과를 측정한 실효보호율과 세제상의 지원 효과를 측정한 실효법인세율에서 1970년대 후반에 중화학공업과 경공업 간에는 뚜렷한 차이가 있었다. 어떤 산업이 관세 등에 의해 보호받는 정도를 나타내는 실효보호율•에서 중화학공업과 경공업 간의 차이는 1970년에 16.8%p였으나 1970년대 중후반에 커졌다가 1983년에 17.5%p로 다시 축소되어, 정책기간 동안에 중화학공업 육성을 위한 보호 정책이 강하였음을 알 수 있다. 법인 기업의 실제 세 부담 정도를 나타내는 실효법인세율•의 경우에도 1970년대 초반에는 두 부문이 거의 차이를 보이지 않다가 1975년부터 1981년까지 그 격차가 30%p대로 벌어졌음을 알 수 있다(표 4).

정부는 중화학공업 부문으로 민간 기업의 진입을 유도하기 위해, 세제상의 지원과 보호를 하였을 뿐 아니라 산업기지 건설 및 각종 인프라를 구축하고, 또한 기술계 학교와 기능 양성기관의 설립을 통해 필요한 기술·기능 인력을 공급하고 연구기관을 설립하여 R&D를 촉진하였다. 산업기지 건설은 중화학공업육성정책의 중요한 특징의 하나이다. 중화학공업은 원료, 중간재, 완제품 간의 생산 및 기술적 연관성이 밀접한 고도의 장치산업이고 용수·전력

실효보호율: 국내의 생산자 가격에 의한 부가가치가 자유무역하에서의 생산자 가격(즉, 국제 가격)에 의한 부가가치를 초과하는 비율. 실효보호율은 국내 생산품의 생산자 가격이 국제 가격을 초과하는 비율로 표현되는 명목보호율뿐 아니라 해당 재화의 생산에 필요한 중간재에 대한 보호 정도에 따라서도 달라진다. 실효보호율의 추정에는 비교역재 투입의 부가가치를 최종재의 부가가치에 포함하는 Corden 방식과 포함하지 않는 Balassa 방식이 있다.

실효법인세율: 법인소득 대비 총부담세액의 비율. 총부담세액은 과세표준으로부터 산출된 세액에서 공제 감면세액을 차감하고 가산세를 더한 것이다. 즉, 법인의 총부담세액은 법인의 경제적 이익에 대해 법인들이 부담하는 세액이며, 그것이 법인소득 대비 어느 정도 수준인지를 보여 주는 것이 실효법인세율이다.

| 표 4 | 경공업과 중화학공업의 실효보호율과 실효법인세율

(단위: %)

	실효보호율			실효법인세율		
	중화학공업	경공업	차이	중화학공업	경공업	차이
1970	25.5	8.7	16.8	39.2	39.4	−0.2
1971				34.9	34.7	0.2
1972				27.7	29.8	−2.1
1973				33.5	38.6	−5.1
1974				29.9	37.7	−7.8
1975	6.8	−15.1	21.9	15.9	52.1	−36.2
1976				18.0	51.0	−33.0
1977				17.5	49.5	−32.0
1978	37.4	−5.7	43.1	16.9	48.4	−31.5
1979				18.3	48.5	−30.2
1980	44.2	10.7	33.5	18.3	48.8	−30.5
1981				20.6	51.1	−30.5
1982				47.1	48.2	−1.1
1983	26.2	8.7	17.5	40.4	42.2	−1.8

자료: 이제민(2005).

등의 공급 시설이 필요하며 공해 유발 산업임을 고려하여 업종별로 최적지를 선정해야 할 필요가 있었다. 정부는 주거 지역을 포함하는 종합적인 도시 설계에 기반한 기지 건설을 위해 1973년 12월에 산업기지개발촉진법을 제정함으로써 산업기지 건설을 기존의 다른 법(도시계획법, 항만법, 도로법, 농경지조성법 등)에 구애받지 않고 인·허가할 수 있도록 하였다. 「중화학공업육성계획」에 중화학공업 6개 업종의 입지가 제시되었으며 산업입지계획심의위원회와 기획단 실무위원회 검토를 거쳐 1974년 4월에 창원, 온산, 여천이 각각 기계, 비철금속, 석유화학 산업기지로 지정되고 옥포, 죽도, 안정이 조선소 산업기지로 지정되었다. 조성된 산업기지는 각 산업기지를 관리하는 상공부 산하의 공단에 불하되었으며, 각 공단은 이를 기업에 분양하였다. 정부는 산업기지로 기업을 유인하기 위해 각종 세제 및 금융상의 혜택을 부여하였다.

산업기지 조성과 더불어 중화학공업육성정책에서 중요하게 고려된 것이 기술·기능 인력 양성과 함께 선진 기술 도입 및 자체적인 기술 개발을 위한 연구 지원이었다. 「중화학공업육성계획」에 따라 과학기술처가 작성한 「과학기술인력수급계획」(1973)은 계획기간(1973~1981) 중에 중화학공업 분야에 212.9만 명의 인력이 신규로 필요하지만 공급은 144.3만 명이며, 특히 기술공과 기능공의 부족이 심각할 것을 예상하고 부족한 인력의 대부분을 직업 훈련을 통해 공급하기로 하였다. 문교부도 중화학공업 분야의 인력 공급계획과 공업교육 개선안을 발표하고,

크게 부족할 것으로 예상되는 기능공을 학교와 단기 양성기관을 통해 공급하고 기술공 공급을 위해 학교 정원을 확충하기로 하였다.

또한 정부 각 부처 및 민간 단체별로 개별적으로 실시되어 온 자격검정제도를 체계화하기 위해 1973년 12월에 국가기술자격법을 제정하였으며, 자격을 기술계와 기능계로 구분하고 또한 지식과 실무 능력을 기준으로 등급을 구분하였다. 그리고 자격검정제도를 효율적으로 운영하기 위하여 1976년 12월에 한국기술검정공단을 설립하였으며, 정규 실업계 학교나 직업훈련소에서 과정을 이수한 경우에는 의무적으로 자격검정 시험에 응시하도록 함으로써 산업계의 요구에 부응하기 위한 자격 취득자의 공급을 확대하였다.

한편, 정부는 연구 지원을 위해 1973년 말에 대덕연구단지 마스터플랜을 확정하고 단지를 조성하여 선박해양연구소, 표준연구소, 핵연료개발공단 등을 순차적으로 설립하였다. 또한 1976년에 창원과 구미 산업기지에 상공부 산하의 기계금속시험연구소, 전기기기시험연구소, 전자기술연구소 등 전략산업 연구기관을 설립하여 산업계와 직결된 전문

분야의 기술 수요에 대처하는 한편, 이들 기관의 활동을 돕기 위하여 외자 확보 및 세제·금융상의 지원을 확대하였다.

한편, 정부는 공산품의 표준적 품질을 정하고 품질 관리를 지도·감독하기 위해 1973년에 공업진흥청을 설치하였다. 공업진흥청은 국내 품질관리제도의 확립과 저변 확대를 위한 지원 시책을 확대하였으며, 이에 따라 기업 차원에서 산발적으로 전개하던 품질 관리 운동이 공업진흥청을 중심으로 조직화되었다.

2

산업별 기술 추격의 성과

조선산업

철강산업

전자산업

석유화학산업

기계산업

자동차산업

미 월간경제지 *Institutional Investment*의 1978년 4월호는 "한국이 1987년에 총수출액에서 소련을 능가할 것이며, 1988년에는 세계 10대 철강 생산국의 하나가 될 것이다. 또한 향후 10~15년 사이에 조선 부문에서 세계 2위, 철강 수출에서 세계 5위, 자동차 생산 및 전자제품 부문에서 세계 7위 이내가 될 것이고 은행들도 국제 차관 제공 기관으로 등장할 것"(중화학공업추진위원회기획단 1979: 242)이라고 전망하였다. 당시로서는 굉장히 낙관하기 힘든 전망이었지만 10~15년 후에 한국은 그런 전망을 능가하는 성과를 보였다. 중화학공업에서의 성과는 생산성 증가로도 나타났다.

그림 2는 1963~1993년에 제조업 산업별로 미국에 대비한 한국의 노동자 1인당 조(粗)부가가치, 즉 노동 생산성이 시간의 경과에 따라 누적적으로 어떻게 변해 왔는가를 보여 준다. 경제성장이 궤도에 오르기 전인 1963년에 미국 대비 한국의 노동 생산성은 의류 제조업에서 15.3%, 전기기계·설비 제조업에서 10.1% 수준이고 나머지는 모두 10% 이하였다. 이후 1993년까지 모든 산업에서 노동 생산성이 상승하였으며, 경공업보다 중화학공업 부문의 노동

| 그림 2 | 미국에 대비한 한국의 노동자당 조부가가치 비율

(단위: %)

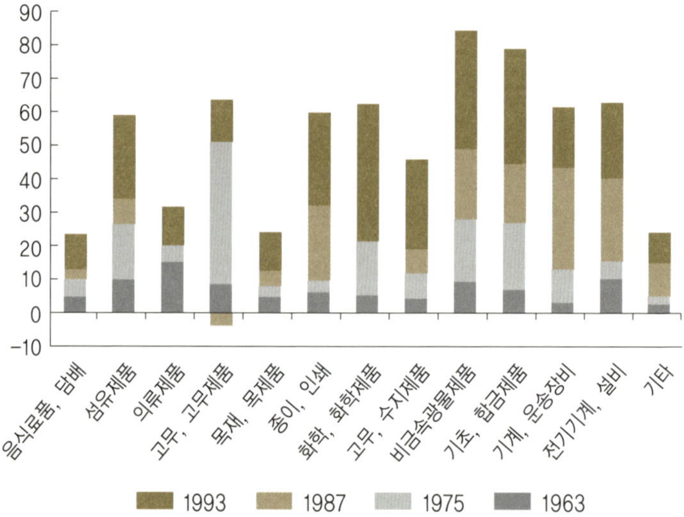

자료: Timmer and Szirmai(1999).

생산성이 상대적으로 더 많이 미국의 수준에 근접하였고, 특히 1975년 이후에 급속히 상승하였다. 중화학공업 평균으로 보면 한국의 노동 생산성은 1963년에 미국의 7% 정도에 불과하였으나 1993년에는 70%를 훨씬 넘는 수준으로 상승하였다. 이하에서 중화학공업육성정책 대상 산업별로 기술 추격과 산업 성장의 성과를 살펴본다. 단, 비철금속을 제외하고 기계산업과 자동차산업을 분리하여 설명한다.

조선산업

조선산업은 1960년대에는 대한조선공사• 중심으로 수입 대체적인 성격을 갖고 있었으나 1970년대에 현대그룹의 신규 참여로 현대중공업이 설립되면서 수출산업으로 성장하기 시작하였다. 정부가 4대 핵심 공장의 하나인 조선을 현대그룹에 맡긴 것이 현대중공업의 출발이었으나, 이후 100만 톤급의 대형 유조선을 건조하는 수출 전문 조선소를 건설할 수 있었던 것은 창업주 정주영의 판단과 모험심 때문이었다. 정주영은 최첨단 기술이 응축된 대형 유조선 건조 시장에 뛰어들어 세계 유수의 조선소와 경쟁하며 수출 전문 산업으로서의 위상을 정립하겠다는 구상을 갖고 있었다. 현대중공업이 1972년 3월에 울산 조선소 건설을 순조롭게 착수하자 상공부는 조선산업을 수출산업으로 육성한다는 계획을 공표하였으며, 중화학공업정책 선언 직후에 「장기조선공업진흥계획」을 수립하여 1980년까지 현대중공업과 같은 규모의 대형 조선소 5개를 건설하기로 하였다. 1974년에 확정된 동 계획은 1980년에 595만 톤의 건조 능력을 갖추고 320만 톤을 수출한다는 것이

대한조선공사: 1937년에 미쓰비시중공업과 동양척식회사의 출자로 부산 영도에 설립된 조선중공업주식회사가 해방 1950년에 대한조선공사법에 의해 재출범한 회사. 1천 톤급 이상의 대형 선박을 건조할 수 있는 국내 유일의 조선소였지만 일감을 확보하지 못해 경영난을 겪었으며 법을 폐지하고 민간에 매각을 추진하였으나 성공하지 못해 정부가 대수수인 상태로 존재하였다. 민영화를 추진하다 결국 1962년에 다시 대한조선공사법을 제정하여 공기업이 되었다.

었다.

조선소 건설에 착수한 현대는 기본 설계도와 숙련 노동자의 경험에 의존하는 영국식의 기술로는 대형 유조선 건조가 힘들다고 판단하였으며 집요한 노력 끝에 일본으로부터 기술을 도입할 수 있었다. 세계 최대의 조선 강국으로 부상한 일본은 숙련 노동에 체화된 묵시적 기술을 상세한 설계도에 의한 명시적 기술로 대체해 놓았기 때문에 현대가 습득하기에는 훨씬 용이하였다. 가와사키중공업(川崎重工業)이 기술을 이전해 주기로 결정한 것은 그것을 통해 현대중공업을 하청 조선소로 만들려는 의도였지만, 현대는 그것을 경계하면서 조선소 건설에 착수한 지 불과 4년여 만에 100만 톤급 건조 능력의 조선소 건설은 물론 10척의 대형 유조선 건조에 성공하였으며, 대형 유조선 독자 모델을 만들어 세계 조선 시장에 내놓았다. 이러한 성공에는 운도 따랐지만 민간 기업이 가질 수 있는 감각과 경험, 적극성, 효율성이 결정적인 역할을 하였다(배석만 2014).

그러나 1973년 말에 발생한 제1차 석유파동으로 세계 조선업계는 1980년대까지 지속되는 장기 불황에 빠져듦에 따라, 육성계획의 축소가 불가피하게 되었으며 실적은 계획의 절반 정도에 그치고 말았다. 정부는 불황에 직면한 조선산업에 대해 계획조선•, 연불수출금융• 등으로 지원하였고 기업은 틈새시장 개척, 경영 다각화, 계열기업 간 연계 등의 경영합리화 노력을 통해 조선 실적과 기술 축적을 이루어 내었다. 이렇게 시련기에 축적한 건조 능력은 이후 세계 조선 시장이 비약적으로 확대될 때 적극적으로 대응할 수 있는 토대가 되었다.

한편, 1970년대에 들어서 대규모 조선소의 신설이 잇달아 확정되면서 대규모 조선 인력의 필요가 예상되자 조선 인력 양성정책이 크게 변하였다. 정부는 1973년 7월에 1985년까지 기술자 4,000명, 기능공 52,000명을 확보한다는 「장기조선인력수급계획」을 발표하였다. 기술자 양성을 위해 대학에 조선공학과를 신설하고 정원을 확대하였으며, 기능공 양성을 위해 사내 양성소 설립을 확대하였다. 기술자의 질을 높이는 데 한계가 있고 조선업체 간 인력 쟁탈전 등의 부작용도 있었지만, 정부의 인력 양성정책이 어느 정도 성공을 거두어 조선 인력은 1980년대 중반에 7만 명으로 증가하였다. 현대중공업은 기술 도입선인 영국과 일본의 협조를 얻어 기술자를

계획조선: 정부가 국내 선주(해운회사)에게 산업은행을 통해 자금을 지원하여 국내 조선소에서 선박을 건조하도록 한 사업. 1970년대 세계적인 경기 불황에 따른 조선 불황에 대한 정책적 대응이었으며, 1976년에 조선공업 육성방안과 계획조선 세부시행계획으로 구체화되어 실시되었다. 계획조선은 연불수출금융과 함께 조선산업이 세계적 조선 불황을 이겨내는 데 기여하였다.

연불수출금융: 연불수출의 경우에 생산자의 현금흐름에 차질이 생길 수 있기 때문에 이를 해소하기 위한 것. 연불수출은 주로 고가의 중화학 제품을 수출하면서 판매 대금을 수회에 걸쳐 분할하여 받기로 한 것을 말한다. 연불수출금융은 중화학공업 제품 수출지원정책의 하나였다. 정부는 국민투자기금의 일부를 연불수출기업에게 융자하였으며, 1976년에 수출입은행이 설립되어 연불수출금융을 담당하였다.

양성하였고, 사내 양성소를 통해 기능공을 양성하였다. 현대중공업과 가와사키중공업 간의 전략적 제휴에 의해 현대중공업 연수생들의 파견교육이 1972년 말부터 시작되었다. 가와사키중공업은 선박 건조와 관련된 모든 부서에 연수생을 배치하여 현장에서 속성 교육을 하였다. 기술 이전 과정에서 형성된 비공식적 인간관계는 설계 도면이나 매뉴얼, 기타 문서상에 드러나지 않는 묵시적 기술을 습득하는 데 중요한 역할을 하였다. 또한 현대중공업은 기능공 충원을 위해 사내에 양성소를 설립하고 자체적으로 용접사 자격시험을 실시하였으며 이후 자격시험제도를 확대하였다.

요컨대, 조선산업의 성장은 국가의 지도와 민간기업의 감각과 경험, 적극성과 효율성이 결합된 결과였다. 현대중공업은 창업주의 판단과 모험심으로 시작되었으며, 일본으로부터 명시적, 묵시적 기술을 습득하여 기술 추격을 하였다. 석유파동 이후 장기 불황에 직면하여 정부는 계획조선과 연불수출금융 등의 방식으로 조선산업을 지원하였으며, 기업은 합리화 노력을 통해 선박 건조 실적과 기술 축적을 이루어 냈다.

철강산업

선강(銑鋼) 일관제철소를 건설하기 위한 정부의 의지는 1964년에 「철강공업육성종합계획」이라는 서해안과 동해안 공장 건설계획으로 구체화되었다. 비록 서해안 공장 건설은 실패하였지만 동해안 공장은 포항제철의 성공으로 이어졌다. 차관 도입을 위한 KISA와의 협정은 세계은행이 한국의 종합제철사업의 경제적 타당성에 의문을 제기함으로써 파기되었지만, 이후 1969년 12월에 한일 간에 대일청구권 자금과 상업차관으로 포항제철을 건설한다는 합의가 이루어졌다. 1970년 12월에 제정된 철강공업육성법은 조강 기준 연산 100만 톤 이상의 일관공정 시설에 대해 지원한다고 규정함으로써 사실상 포항제철 지원법이나 다름없었다. 포항제철이 1973년 7월에 제1기 건설을 준공한 후 조업 초기부터 정상적으로 운영하고 순이익을 내면서 순조롭게 성장할 수 있었던 것은 철강공업육성법에 근거하여 막대한 규모의 정부 보조금을 지원받았기 때문이었다.

포항제철이 설비에 체화된 기술을 도입하고 그 기술을 습득하기 위해 기울인 다양한 노력 또한 포항제철의 효율적인 조업과 설비 확장에 기여하였다. 포항제철은 일본의 철강 3사(후지제철, 야와타제철, 일본강관)로 구성된 그룹으로부터 기술 지도를 받아 공장 건설에 필요한 기술과 강철 생산 기술을 습득하였다. 기술 습득의 첫 번째 단계는 공장에 설치할 설비에 대한 엔지니어링, 즉 예비 기술계획서 작성과 본 기술 용역계약이었고, 두 번째 단계는 일본 내 제철소에 포항제철 기술 요원들을 보내 기술 연수를 받도록 하는 것이었으며, 세 번째 단계는 제철소 건설 과정에서의 기술자문과 더불어 시운전 과정을 포함한 초기 조업을 지도받는 것이었다. 이런 단계적 과정을 통해 포항제철은 공장 건설에 필요한 기술과 제품 생산 기술을 빠르게 흡수하였다.

포항제철은 1973년에 제1기 용광로 가동으로 본격적인 성장의 기틀을 마련하였다. 중화학공업추진기획단의 「중화학공업육성계획」은 1981년까지 조강 생산 능력을 1,470만 톤으로 증설한다는 것이었다. 그러나 석유파동을 거치면서 계획이 수정되어(제2종합제철 건설의 연기) 실제 건설된 생산 능력은 1981년까지 850만 톤이었다. 포항제철은 공기를 단축시킴으로써 공사비용을 절감하였을 뿐만 아니라,

건설 이후에는 조업 기술을 적극적으로 학습함으로써 조기에 정상 조업을 달성할 수 있었다. 제1종합제철의 건설과 확장 과정을 거치면서 포항제철은 제철소의 기획 및 건설과 관련된 기술 능력을 빠르게 축적할 수 있었으며, 그것을 기반으로 하여 이후의 제2종합제철(1987년 완공)과 광양제철소(1993년 완공)도 자체 능력으로 건설할 수 있었다. 제1기 공사가 끝난 1973년부터 철강재 수출은 수입을 초과하였으며, 1981년의 생산량 1,024만 톤 중에서 수출이 562만 톤이었다.

포항제철은 처음부터 노동 시장의 내부화, 즉 내부노동시장 전략을 추구하였다. 내부노동시장• 은 일반적으로 기업특수적 기술에 근거하며 기능 인력을 외부노동시장에서 조달할 수 없는 상황에서 나온다. 포항제철은 신기술의 도입 및 학습, 대량 충원, 인력자원의 안정적 조달과 적절한 교육 체계의 구축, 적절한 인센티브 체계의 구축 등을 통해 기능 인력을 성공적으로 양성하였다. 즉, 사내 직업훈련소를 설립하고, 포철공고를 인수하였으며, 연수원을 중심으로 한 집합교육과 현장훈련을 강화하면서 기능 인력의 자체 조달과 교육훈련 체제를 조기에

내부노동시장: 노동자의 임금 결정과 직무 배치, 교육·훈련 등이 일련의 관리 규칙과 절차에 의해 운영되는 하나의 관리 단위. 내부노동시장의 경우에 노동 시장의 기능이 기업 내로 옮겨져 거의 모든 인력은 내부 승진과 배치에 의해 충원되며 최하위직의 신규 노동자만 외부노동시장에서 채용된다. 임금, 직무 배치, 훈련, 승진 등은 외부노동시장으로부터 영향을 거의 받지 않고 기업 내부에 미리 정해진 규칙과 절차에 의해 결정되며 그것을 통해 노동력 편성, 임금 관리 등이 이루어진다.

확립하였다. 또한 양성된 기능 인력의 정착률을 높이고 근로의욕을 일으키기 위해 연공서열적 임금제도와 내부 승진제도를 조기에 확립하고, 당시로서는 최고 수준의 복지를 제공하였다. 이로써 포항제철은 1970년대에 숙련 형성의 틀을 마련하는 데 성공하였다.

포항제철은 대규모 해외 연수를 실시함으로써 조기에 조업 기술을 학습하였다. 수백 명에 달하는 기능 인력의 해외 연수는 전례를 찾기 어려운 일이었지만, 일관제철소 조업 경험을 가진 인력이 거의 없던 당시에 이러한 정책은 효과적이었다. 해외 연수가 성과를 올릴 수 있었던 것은 일본 기업의 협조와 일본 기업을 철저히 벤치마킹한 포항제철의 노력 때문이었다. 일본 기업의 협조는 당시 일본 업계의 사정이나 세계 철강 시장의 동향 등의 외부적 요인에 의한 것이기 때문에 포항제철로서는 행운이었다고 할 수 있다. 한편, 학력별 신분질서에 기초한 인사제도는 표준화된 기술을 조속히 도입·습득하는 데는 유효하였다. 습득한 기술로 단시일 내에 매뉴얼대로 조업하는 것이 가장 중요한 목표였기 때문에 직원의 창발성에 대한 배려는 큰 의미를 가질 수 없었다. 포항제철이 세운 수많은 최단시일 기록은 상명하달식의 조직에서 비로소 가능한 것이었다.

요컨대, 포항제철은 철강공업육성법에 근거하여 막대한 정부 보조금을 지원받고 국세 감면과 같은 세제 혜택과 공공요금 할인 혜택을 받았으며, 기업 경영의 거의 모든 영역에서 정부 개입이 제도화되었다. 또한 포항제철은 도입된 설비에 체화된 기술을 흡수하기 위해 다양한 노력을 하였고, 공장 건설 과정을 통해 기술 능력을 빠르게 축적하였으며, 적절한 교육 체계와 적절한 인센티브 체계를 구축하여 기능 인력을 성공적으로 양성할 수 있었다.

전자산업

한국의 전자산업은 금성사가 1959년에 진공관 AM 라디오를 조립·생산하면서 시작되었으며, 기술이전에 의해 흑백TV와 오디오 장비를 조립·생산하고 미국 자본이 국내에 반도체 조립 회사를 설립하는 1960년대 중엽부터 성장하였다고 할 수 있다. 정부는 1960년대 후반에 전자산업의 육성 방침을 내놓았으며, 1968년 12월에 전자공업진흥법이 제정되고 그에 의거하여 상공부는 1969년에 「전자공업진흥기본계획」을 수립하였다. 전자공업진흥법의 특징 중 하나는 다른 공업육성법과 달리 전자산업을 수출 특화산업으로 육성한다는 점이었다.

중화학공업정책 선언에 따라 1973년 6월에 발표된 「중화학공업육성계획」은 1981년에 25억 달러 수출을 전자산업의 육성 목표로 삼았다. 이를 달성하기 위한 정책은, 소재 및 부품 공업의 중점 육성을 통한 국내의 공급 체제 확립, 부품 및 전자기기 중심의 조립제품 수출 확대, 산업용 기기 개발 육성, 선진 기술 도입과 기술의 연구개발, 합작투자의 장려 등이었다. 동 계획에 따라 전자산업의 생산과 수출은 빠르게 증가하였다. 그러나 세계경제 불황의 여파로 인해, 1980년에 생산은 15억 달러이고 수출은 12억 달러에 그쳐 1981년 수출 목표인 25억 달러의 절반에도 미치지 못하였다. 정부는 생산과 수출의 양적 확대를 위해 적극적으로 외자를 유치하였지만, 자국민주의를 지향함으로써 점차 내국인 업체가 수출을 주도할 수 있도록 하였다. 즉, 외자 유치를 장려하면서도 합작투자를 원칙으로 하고 점차 내국인 지분을 확대해 나가도록 하며 수출을 위해

외자 기업에 의존하더라도 그것이 국내 기업의 성장을 저해하지 않도록 하였다.

전자산업의 생산과 수출에서 큰 비중을 차지한 것은 가정용 기기였다. 정부는 지정품목 육성 방식을 통해 산업을 첨단 분야로 인도하고 1970년대 중엽에 고부가가치의 생산 구조로 바꾸기 위한 반도체 및 컴퓨터 산업을 집중 육성하고자 하였다. 그러나 1970년대의 전자산업은 대체로 저임금 노동력으로 수입 부품과 재료를 조립·생산하여 수출하는 단순조립 단계에서 벗어나지 못하였다. 이 같은 한계가 있었지만 정부의 자국민주의적 정책에 의해 내국인 업체가 기술적, 양적으로 성장하였다. 1980년대에 정부의 정책은 정부 주도적 성장에서 민간 기업의 자율에 의한 성장으로 기조가 변하는 가운데 컴퓨터와 반도체 산업 육성으로 이어졌다.

전자산업은 산업집중도가 매우 높아 럭키금성(LG), 삼성, 현대, 대우에 의해 시장이 지배되었다. 금성사는 과거 일본이 보여 준 리버스 엔지니어링• 방식을 따라 1959년에 최초로 진공관 라디오를 생산하였다. 생산 시스템 구축에 필요한 장비를 주문하고, 장비 설치를 위해 초청된 독일인 기술자로부터 우

리버스 엔지니어링: 기계 장치를 역으로 분해함으로써 시스템의 기술적인 원리를 그 구조 분석을 통해 발견하는 방식. 주로 어떤 것이 작동하는 방식에 대한 지식을 얻기 위해 또는 대상을 복제하거나 향상시키기 위해 사용되며, 후발국이 산업화 과정에서 모방을 통해 기술을 습득하는 방식이다. 모방에는 복제와 같은 단순 모방과 창의적 모방이 있다. 단순 모방 리버스 엔지니어링의 경우에도 복제할 때 발생하는 여러 문제를 해결하고 기술 요소들이 결합되는 특성을 이해할 수 있는 일정 수준의 학습 능력이 있어야 성공이 가능하다.

리나라 기술자에게 묵시적 기술이 전달되고, 그것이 회사 차원의 기술역량으로 축적되었다. 1965년에는 일본 히타치(日立)사의 기술자를 통해 마찬가지의 리버스 엔지니어링 방식으로 흑백TV 생산기술을 습득하였다. 이 과정에서 묵시적 기술을 전수받고 품질관리 매뉴얼과 기술사양서와 같은 명시적 기술을 내재화하였다. 그러나 선진국은 컬러TV 생산기술의 이전을 꺼리고 있었다. 이에 가전 3사(삼성, 금성, 대우)는 KIST와 공동으로 컬러TV 생산기술 개발에 착수하였으며, 1974년에 미국 RCA사로부터 핵심 특허기술 사용권을 얻어 리버스 엔지니어링을 할 수 있었다(Kim 1997).

삼성전자의 전자레인지 개발도 비슷한 방식으로 진행되었다. 삼성은 먼저 선진국의 최우수 제품을 구입·분해하였으나 작동 원리를 이해할 수 있는 묵시적 기술이 부족하였다. 이에 생산을 위한 수 차례의 시행착오를 통해 묵시적 기술을 축적하여 마침내 1979년에 전자레인지를 수출할 수 있었다. 삼성은 일본 업체가 전자레인지 부품인 마그네트론 튜브의 기술 이전을 거부하자 일본과의 경쟁에서 물러나게 된 미국 기업을 인수하여 그에 관한 기술을 확보하였다. 이를 통해 어느 정도의 묵시적 기술을 갖춘 삼성의 기술자들은 삼성에 전자레인지 생산을 외주한 미국 GE사의 기술자들과 협의 과정에서 세계적 수준의 기술을 습득할 기회를 가졌다.

흑백TV처럼 쇠퇴기에 있는 제품에 대해서는 단순 모방의 리버스 엔지니어링으로 생산기술을 습득하였지만, 기술이 아직 과도기에 있거나 선진국이 기술 이전을 기피하는 경우에는 국내 기업들이 자체 연구개발을 강화함으로써 리버스 엔지니어링을 창의적으로 확장하였다. 이를 위해 국내 기업들은 기업 내 연구소의 네트워킹을 광범하게 구축하기도 하고, 첨단기술을 얻기 위해 특허기술 사용권을 얻거나 기술을 가진 외국 기업을 합병하기도 하였으며, 이 과정에서 우리 기업들은 외국의 경쟁 기업과 전략적 제휴를 맺을 수 있을 정도의 기술력을 갖게 되었다(Kim 1997). 이후 1980~1990년대에 반도체를 포함한 전자산업의 발전은 1960~1970년대로부터 지속된 기술 추격의 과정이었다. 한편 정부는 정보화 사업의 일환으로 PC 구입을 확대하고 1단계 국가행정 전산망을 위시한 국가전산망 구축 사업을 통해 전자산업의 국내 시장을 창출하였다. 또한 한국전자기술연구소(KIET)와 이후의 전자통신연구소(ETRI) 등 복수의 정부출연 연구기관을 설립함으로써 기술 공급 측면에서도 지대한 역할을 하였다.

석유화학산업

나프타: 석유 정제 과정에서 140~180℃에서 분리되어 나오는 고분자 탄소화합물. 석유화학산업의 기초 원료이며, 나프타를 고온으로 분해하여 정제하면 에틸렌 등의 석유화학산업의 다양한 기초제품을 얻을 수 있다.

석유화학산업: 나프타 분해를 통해 에틸렌, 프로필렌, 벤젠, 톨루엔, 크실렌 등의 비교적 분자 구조가 간단한 석유화학 기초제품과 이 기초제품에 산화와 염소화 등의 다양한 반응을 가하여 고분자화합물인 합성수지, 합성섬유원료, 합성고무, 용제 등의 범용 유도품을 생산하는 산업. 유도품은 다양한 산업에 원료로 투입, 가공되어 최종제품이 된다. 석유화학산업의 전체를 축약적으로 보여 주는 지표는 산업의 상류에 위치한 기초제품의 핵심인 에틸렌의 생산량이다.

화학산업은 당시의 기준으로 크게 화학비료, 정유, 석유화학산업으로 구분되어 있었다. 1961년에 충주비료공장이 설립되었으며, 1964년에는 대한석유공사 울산정유공장이 준공되어 나프타(naphtha)• 를 생산함으로써 석유화학산업의 원료를 공급할 수 있는 체제를 갖추었다. 이하에서는 정부가 의욕적으로 육성하고자 한 석유화학산업에 초점을 맞추어 서술한다. 석유화학산업•은 거의 모든 산업에서 원료나 중간재로 사용하는 기초 소재를 생산하며, 공장 건설에 거대한 자본과 기술이 필요하고 규모의 경제 효과가 큰 전형적인 장치산업이다. 또한 제품의 스펙트럼이 넓어 다양한 사업 기회가 존재하며 많은 유해 물질을 배출하는 공해산업이기도 하다. 석유화학산업의 기본 방향과 정책을 결정하기 위해 설치된 석유화학공업위원회는 1967년에 울산을 석유화학공업단지로 선정하고 외국 자본과의 합작과 차관 도입을 통해 자금을 조달하며 나프타 분해공장과 계열공장을 유치하기로 하였다.

상공부는 1971년 11월에 「석유화학공업육성기본계획」을 발표하였다. 동 계획은 울산단지가 준공되는 1972년까지를 제1단계, 이후 1976년까지를 제2단계로 하는 계획이었다. 기본 목표는 화학제품 수급의 안정을 기하는 것과 대규모 생산시설로 한다는 것이며, 원칙은 민간을 추진 주체로 한다는 것과 자본, 기술, 경영 도입을 위해 중요 공장에 대해서는 외국 기업과 합작으로 한다는 것이었다. 중화학공업정책 선언에 따른 1973년 6월의 「중화학공업육성계획」은 나프타 분해로부터 얻는 에틸렌 생산 기준으로 울산과 여천에 각각 30만 톤 시설로 확장 또는 신설하는 것이었지만, 7월에는 1980년까지 60만 톤, 1986년까지 150만 톤의 시설을 확보하기로 하였다. 8월에 확정된 「석유화학시설확장기본계획」은 1981년까지 총 90만 톤(울산 60만 톤, 여천 30만 톤)의 생산시설을 갖춘다고 하였으며, 11월의 수정안은 1976년까지 총 105만 톤(울산 45만 톤, 여천 2개 공장 60만 톤)으로 확장한다고 하였다. 그러나 제1차 석유파동의 영향으로 정부는 울산과 여천의 시설 규모를 모두 35만 톤으로 축소하였으며, 이후 시설 규모를 조정하고(울산 15만 톤) 완공 시기도 연기하였다. 경기가 회복되는 1978년에는 다시 울산에 15만 톤, 여천 제2단지와 제3단지에 각각 35만 톤(실제 42만 톤)의 시설을 완공할 것을 목표로 하였으며(실제 생산 능력으로 보면 총 99만 톤) 1984년에 여천 제4단지를 준공하여 1985년까지 총 150만 톤의 시설을 갖춘다고 함으로써 1973년 6월의 계획을 1년 단축하였다. 정부는 계획에 따라 울산 제1석유화학단지를 증설하는 한편, 1976년부터 여천 제2단지 건설을 본격적으로 추진하여 1979년 12월에 합동 준공식을 거행하였다(박영구 2012).

제1차 석유파동 시에 정부는 원료로 사용되는 나프타와 기초 유분(溜分)의 가격 인상을 최대한 억제함으로써 석유화학산업이 지속적으로 성장할 수 있도록 하였다. 그러나 1970년대에 한국의 석유화학산업은 아직 수입 대체의 수준을 넘어서지 못하였으며, 합성수지의 톤당 가격은 제1차 석유파동 때를 제외하면 수입품 가격에 비해 높은 수준이어서 아직 국제 경쟁력도 갖지 못한 상태였다. 게다가 제2

차 석유파동이 울산 및 여천 석유화학단지의 신·증설 완료 시점과 겹치면서 기업에 심각한 경영난을 초래하였으며, 기업의 수지가 악화되자 외자 기업도 철수하기 시작하였다. 1978년의 시설확장계획은 다시 일부 수정이 불가피하였고, 10.26 사태 이후 중화학공업육성정책에 대한 비판 속에 계획은 지연되거나 취소됨으로써 석유화학산업은 1980년대 초까지 침체를 면치 못하였다. 그러나 1983년에 접어들면서 국제 유가가 하락하고 국내 경기가 회복되면서 석유화학산업은 다시 상승세를 보였다.

1971년의 「석유화학공업육성기본계획」의 원칙은 민영과 합작이었는데, 정부는 민영을 원칙으로 하겠다고 하였지만 민간은 거대한 장치산업인 석유화학산업에 진출하는 것을 기피하였다. 민간 기업의 진출이 부진하자 정부 출자에 의한 공기업이 다수 설립되었으며, 이후 그것은 차츰 민영으로 전환되었다. 외국 기업과의 합작은 고급 기술을 전수받는 통로 역할을 하였다. 합작을 원하는 외국 기업은 설계와 기술을 한국 측 근로자에게 공개하고 그들을 훈련하여 외국인 기술자를 대체하도록 해야 한다는 조건을 받아들여야 하였다. 이는 당시 개도국에서 진행된 합작투자에서 일반적인 일이었으나 한국의 경우에는 정부가 나서서 그런 조건들을 신속하게 관철시켜 나갔다. 기술 흡수에는 이러한 정부의 노력도 중요하였지만, 한국인 기술자들의 특성 – 기술지식에 대한 욕구, 용기, 협동정신, 선공후사의 정신, 강한 투지, 실용주의 – 도 중요한 원동력이었다고 할 수 있다(박우희 1980). 1970년대에 한국의 석유화학산업은 이처럼 합작을 통한 기술 이전을 도모하였으나, 아직 수입 대체의 수준을 넘어서지 못하였으며 국제 경쟁력을 갖지 못한 상태였다.

기계산업

기계산업은 정부가 1960년대 후반부터 육성하고자 한 산업이었다. 기계산업은 크게 산업용 기계를 제작하는 일반기계산업, 공작기계(기계를 만드는 기계)를 만드는 공작기계산업, 기타의 기계기구를 만드는 기계산업으로 구분된다. 정부는 기계산업 육성을 위해 1967년에 기계공업진흥법을 제정하고 1969년에 기계공업 육성 방안에 관한 연구를 의뢰하였으며 1971년 1월에는 기계공업진흥법을 일부 개정하였다. 개정에 의해 기계공업진흥기본계획에 기계류 수출 진흥에 관한 사항이 포함되었으며, 수출 기여도가 큰 기계공업과 국방상 중요한 기계공업이 육성 대상에 추가되었다. 이상의 법령과 연구에 기초하여 1971년 11월에 상공부는 국산화 촉진, 수출 전환 및 전문화·계열화 체제의 확립을 3대 목표로 하는 「기계공업진흥기본계획」(1972~1976)을 수립하였다. 중화학공업정책 선언에 의한 「중화학공업육성계획」은 기본계획을 계승하고 있으며, 기계산업 육성 방향으로 전문화·계열화에 의한 양산 체제 확립, 시설·기술의 근대화에 의한 생산성 증대, 구조 개선 외에 공업기지 건설계획을 추가하였다. 동 계획은 국산화와 적극적인 수출 시장 개발을 통해 목표연도인 1981년에 기계산업의 국민총생산 비중을 2.5%에서 13.6%로 높인다는 것이었다. 이를 위해 1973년 9월에 창원기계공업기지 건설을 골자로 하는 「장기기계공업육성계획」이 수립되었다.

전문화·계열화: 수요 부족, 설비 후진성, 과당 경쟁 등을 해소하기 위해 전문 생산 업체를 지정·육성하여 계열화의 기반을 조성하고 조립공장과 부품공장 사이의 수평적 계열화를 추진하는 것을 의미함. 이를 위해 정부는 공장을 기능별(소재, 부품, 조립 등), 형태별(대, 중소 등)로 구분하였다. 소재와 조립은 대기업 소관이며, 부품과 중간조립은 중소기업의 분야였다.

전문화·계열화에 의한 양산 체제의 확립을 위해서는 일정 지역에 공업기지를 건설하여 공장을 집중 유치하는 것이 필요하였다. 또한 기계 국산화를 조기에 구축하기 위해서는 성장 의지와 경영 능력을 갖춘 대기업의 참여가 필수적이었다. 이에 정부는 대기업의 참여를 유도하기 위해 창원기계공업기지 건설과 입주 기업에 대한 지원시책을 발표하였다. 창원기지 입주업체에 대해서는 건설 소요자금 중 내자 조달분 52%에서 자기부담 15%를 뺀 나머지 37%의 자금을 전액 지원하기로 하였다. 그 밖에 금융·세제 면의 지원과 우수한 기술·기능 인력 공급, 합작투자 알선 등의 광범한 지원을 약속하였다(박영구 2015). 창원기계공업기지는 최고 정책결정권자의 의지와 대기업의 참여가 통합되는 물리적 공간으로 기능하였다. 영세한 업체들이 난립해 있던 기계산업에 대기업이 진출하여 많은 전문 생산업체들이 탄생한다면 바람직한 기계산업 생태계 형성을 위한 전문화·계열화가 가능할 수 있었다.

기계산업의 기술은 숙련공들의 숙련에 묵시적 기술의 형태로 존재하지만 한국의 기계산업은 숙련공이 부족하고 전문적 기술의 축적이 없는 상태였다. 공작기계산업의 경우에 중화학공업정책 선언 이전에는 리버스 엔지니어링 방식으로 일본의 공작기계를 모방·생산하는 정도에 불과하였으며 기술적 수준이 별로 높지 않았다. 중화학공업정책 선언 이후에 비로소 선진 공업국, 주로 일본으로부터의 기술 도입이 활발해졌으며 공업진흥청을 비롯한 여러 기관에 의한 기술지도 체계가 가동되기 시작하였다. 창원기지 조성은 기술 경쟁력 향상에도 기여하였다. 즉, 창원기지 조성과 결합하여 진행된 기술 도입은 무경험의 대기업들이 공작기계산업에 진출할 수 있는 기술적 기초로 작용하였다. 또한 공업진흥청을 비롯한 여러 기관에 의한 기술지도는 KS 표준에 맞는 공작기계 생산체계를 구축함으로써 기업 생태계의 변화에 중요한 영향을 미쳤다.

그러나 정책적 지원하에서 생산이 증가하고 있음에도 수입 의존도가 낮아지지 않는 상황이 계속되자 대통령은 1975년 7월에 기계 국산화를 조속히 달성하라는 지시각서를 시달하였다. 지시각서 이후 상공부는 국산화 계획을 발표하고 1973년 현재 45%인 국산화율을 1979년까지 70%로 올리는 것을 목표로 종합지원대책을 마련하였으며 창원기지 건설에도 박차를 가하였다. 나아가 1979년에 정부는 기계산업을 수출산업으로 선정함으로써 수입 대체뿐 아니라 나아가 수출산업으로 발전시키겠다는 의지를 표방하였다. 이러한 노력에도 불구하고, 기계산업은 이미 선진국이 시장을 선점하고 있어 시장 진출이 매우 어려운 상태였으며, 기계의 수입 의존도도 뚜렷하게 낮아지지 않았다. 기계산업의 수입 의존도는 1980년대 중엽에 이르러서야 40%대로 낮아질 수 있었다(박이택 2014).

높은 수준의 숙련을 가진 노동자를 요구하는 기계산업은 후발국이 추격하기 가장 어려운 산업이었다고 할 수 있다. 선진국 수준의 생산성에 도달하려면 시설 및 인력에 대한 장기간의 투자가 필요하므로 기계산업에서는 즉각적인 수입 대체나 시장 개척이 어렵다. 또한 분업과 협업에 의한 산업 생태계의 구축이 경쟁력에 큰 영향을 미친다. 따라서 전문화·계열화는 산업 생태계 형성을 위해 매우 중요한 정책이었으며, 창원기계공업기지는 기계산업 육성의 중요한 전환점이었다. 그러나 기계산업에 진출한 다수의 대기업은 종합생산업체이어서 전문화·계열화와 다소 거리가 있었으며, 낙후한 기술과 취약한 경영으로 인해 존립이 위태로운 중소 하청업체의 문제는 해소되지 않은 채로 종합생산업체인 대기업 위주의 산업 생태계가 조성되는 데 그쳤다.

자동차산업

한국의 자동차산업은 1962년의 자동차공업 5개년계획에 의한 부품조립(KD)● 방식의 생산으로부터 시작되었다. 그러나 수입 부품이 저렴하고 안정적이었기 때문에 KD 방식으로는 수입 부품의 조립·생산에 머무를 뿐 기술 습득에 의한 국산화를 기대할 수 없었다. 이후 국산화 계획을 수립하라는 대통령의 지시로 1969년에 「자동차공업육성기본계획」이 수립되어 부품 국산화가 추진되었으며, 1974년에 「장기자동차공업진흥계획」이 수립되었다.

「장기자동차공업진흥계획」의 내용은 1981년 내수 42만 대, 수출 7.5만 대라는 장기 수요 전망에 기초하여 차종별 양산 체제를 확립하되, 완성차 업체는 차체 및 엔진공장을 건설하고 국산 고유 모델 소형 승용차를 개발하며, 업체별로 연산 5만 대의 생산시설을 갖추어 1978년에 승용차 11.6만 대를 생산한다는 것이었다. 실적으로는 1979년에 승용차 11.4만 대를 생산함으로써 계획 달성이 목표연도보다 1년 정도 지연되었다. 상용차를 포함하여 총 20.4만 대를 생산하였으며, 내수와 수출이 각각 16.3만 대와

KD(Knock Down): 다국적 자동차 기업이 자동차 조립에 필요한 부품을 해외로 수송하여 현지에서 조립하는 방식. 조립에 필요한 부품 상태로 수출하는 CKD(Complete Knock Down)와 부품을 일부 조립하여 수출하는 SKD(Semi Knock Down)가 있으며, 한국은 1962년에 SKD 방식으로 자동차를 생산하기 시작하였으나 KD 방식으로는 부품 국산화가 실현되기 어렵다. 국내 자동차산업의 성장을 위해서는 KD 방식을 극복하고 규모의 경제를 실현할 수 있는 양산 체제 구축이 필요하였다.

3.1만 대였으며, 제2차 석유파동에 의해 1980년에는 생산이 12.3만 대에 불과하였다.

비록 아직 대단한 실적은 아니었지만, 한국의 자동차산업은 신흥공업국 가운데 거의 유일하게 다국적 기업의 부품생산기지나 조립생산기지로 편입되지 않고 국내 자본의 주도로 기술 도입과 국내 부품조달 기반에 기초하여 독자적인 국제 규모의 양산체제를 구축하고 대선진국 수출을 실현하였다. 1974년 「장기자동차공업진흥계획」 단계에서, 자동차산업은 양산 체제를 구현할 계획을 가진 기업과 이를 강력하게 지원하는 정부 간의 연대에 기초하여 일관공정 조립·생산 단계로 이행하였으며, 이로써 국산화 및 계열화와 소형 승용차 부문의 경쟁력 강화가 가능하게 되었다.

1970년대 초까지 정부는 부품업체의 전문화를 위해 '1부품 1전문공장' 체계를 고수하면서 수평적 계열화를 지향하였으나 이 체계에서는 부품업체가 독점 이익만 누리려 할 뿐 기술 축적과 자본 투자에는 상대적으로 소홀할 수 있었다. 이에 정부는 부품 계열화 업체를 복수로 선정하여 육성하는 정책을 통해 부품 업체 간의 경쟁 체제를 도입하였으며, 이로써 완성차 업체가 추구하는 수직적 계열화를 확대하였다. 한편, 자동차산업의 기술 축적 과정에서 고유 모델 개발과 수출산업화는 전략적으로 매우 중요하였다. 고유 모델의 개발을 위해서는 그에 맞는 부품의 개발 및 배치 등과 같은 여러 문제를 해결해야 하며, 수출이 가능하기 위해서는 자동차가 수입국의 여건과 기준에 맞는 성능을 갖추어야 한다. 따라서 KD 방식의 단계와는 전혀 다른 경로의 기술 축적이 일어나게 된다. 기술 축적은 완성차 업체에만 국한되지 않고 부품 업체까지 이어졌으며 여기에 정부의 기술지도 체계도 영향을 미쳤다. 현대자동차의 고유 모델 '포니'의 개발(1975년)은 수출 의지에 기초한 것이었으며, 정부는 완성차 업체의 덤핑 수출을 수출산업화를 위한 투자로 보고 그것을 적극 지원하였다.

현대자동차의 경험은 선진국과 후발국 간의 현저한 기술 격차에도 불구하고 후발국이 선진국의 기술을 효과적으로 도입할 수 있는 잠재적 가능성이 항상 존재한다는 것을 보여 주었다. 그러나 이러한 잠재적 가능성이 자동으로 기술 능력의 향상으로 이어지는 것은 아니며 그것을 실현시킨 것은 적극적인 기술학습 전략과 주체적 실천이었다(김견 1994). 특히 위기적 상황에서 현대자동차의 기술 능력과 경쟁력이 급격하게 향상되었는데, 이 위기는 1979년의 제2차 석유파동처럼 예상치 않게 발생한 경우도 있지만 학습을 위한 전략적 수단의 일환으로 인위적으로 조성되기도 하였다(Kim 1997).

3

정책에 대한 평가

성장 지표의 비교

효율성과 총요소생산성

재벌 체제와 소득 분배

성장 지표의 비교

한국경제가 중화학공업육성정책을 통해 질적으로 변하였음은 여러 경제 지표의 변화를 통해 확인할 수 있다. 그림 3은 '1990년 G-K 달러[•]' 기준으로 국가별 1인당 GDP의 장기 시계열 추이를 비교한 것이다. 과거 구미의 선진국에서는 1인당 소득 1,000달러를 초과한 시점에 공업화가 시작되었는데, 그 시점이 대체로 19세기 전반이었고 영국은 그보다 좀 더 앞섰다. 일본은 19세기 말에 1인당 소득 1,000달러를 초과하였으며 그때 공업화가 시작되었다. 이들 국가가 1인당 소득 1만 달러에 도달하기까지는 150년 이상의 시간이 필요하였으며, 선진 공업국 중 가장 빠르게 성장한 일본도 반세기 이상이 필요하였다. 그러나 20세기 후반에 한국과 대만 등은 빠른 성장을 통해 그 기간을 대폭 축소함으로써 선진국 경제를 추격하였다. 특히 1970~1980년대의 세계적 불황 속에서도 중화학공업육성정책을 추진한 한국과 대만의 성장률은 둔화되지 않았다.

G-K 달러: 기어리(R. C. Geary)와 카미스(S. H. Khamis)가 각각 1958년과 1972년에 제시한 방식에 따라 다지역 간 비교를 위해 작성된 국제 달러. 하나의 특정 연도에 대해서는 명목 국제 달러로 표현되지만, 시계열적 비교를 위해서는 인플레이션을 조정해서 기준연도의 불변 달러로 표시된다.

한국은 '1990년 G-K 달러' 기준으로 1960년에 1,220달러였으며, 1960년대 중엽부터 상승세를 보이

| 그림 3 | 국가별 1인당 GDP 추이

(단위: 1990년 G-K 달러)

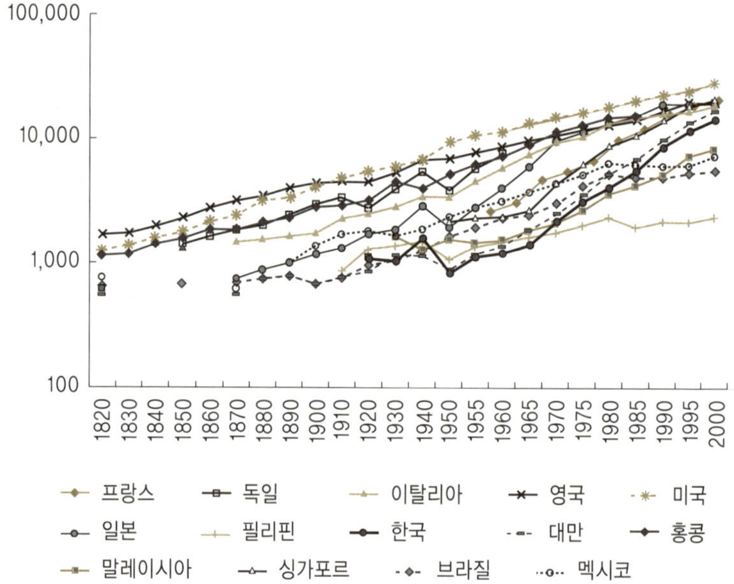

자료: Maddison(2003).

면서 30여 년이 지난 1990년대 전반에 1만 달러를 넘어섰다. 아시아 다른 신흥공업국과 비교하면, 대만은 한국보다 5년 정도 앞서 출발하여 비슷한 시점에 1만 달러를 통과하였다. 홍콩과 싱가포르는 한국의 1970년대 전반의 소득 수준을 20년 정도 앞서 달성하였고, 소득 1만 달러를 한국보다 10년 정도 앞서 통과하였다. 말레이시아와 필리핀은 1960년 당시에 한국보다 소득이 30~40% 더 높았으나 1990년에는 각각 한국의 60%와 20%에도 미치지 않는 수준으로 역전되었다. 중남미 국가인 멕시코와 브라질의 소득은 1950년대에 일본 또는 싱가포르와 비슷한 수준이었으나 1990년에는 말레이시아보다도 낮아졌다.

표 5는 여러 거시경제 지표를 통해 한국의 경제적 성과를 국제적으로 비교하고 있다. 1981년에 한국의 1인당 소득은 1,910달러로서, 저소득국과 하위 중소득국보다 높지만 선진국과 상위 중소득국에 미치지 못하였으며 중남미의 중진국인 브라질과 멕시코보다 낮았다. 그러나 1981년 이전 20년 동안의 1인당 소득 연평균 성장률은 6.9%로서, 당시 비교적 높은 성장률을 과시한 브라질, 멕시코보다 월등히 높았다. 특히 중화학공업육성정책이 실시된 1970년대에 대부분의 국가는 1960년대보다 성장률이 둔화되었지만 한국은 오히려 더 높은 성장률을 기록하였다.

한국의 경제성장은 제조업의 높은 성장과 높은 투자에 기인한다. 1970년대에 제조업 성장률이 전 세계적으로는 5% 내외이며 브라질과 멕시코도 7~8% 정도였지만 한국은 14.5%로 발군의 성적을 보였다. 투자 증가율에서도 한국은 11.0%로 세계 평균

| 표 5 | 1970~1985년 지역 및 국가별 거시경제 지표의 변화

(단위: %)

		선진 공업국	상위 중소득국	하위 중소득국	저소득국[a]	한국[b]	브라질	멕시코
1인당 GDP(달러, 1981년)		11,120	2,490	850	240	1,910	2,220	2,250
1인당 GDP 연성장률 (1960~1981)		3.4	4.2	3.4	0.8	6.9	5.1	3.5
GDP 연성장률	1960~1970년	5.1	6.4	5.0	4.7	8.6	5.4	7.6
	1970~1981년	3.0	5.6	5.6	3.6	9.1	7.6	6.4
제조업 연성장률	1960~1970년	5.9	7.8	7.1	5.9	17.6	–	10.1
	1970~1981년	3.1	6.3	5.8	2.8	14.5	7.8	7.1
총투자 연증가율	1960~1970년	5.8	7.5	7.9	4.3	23.6	6.1	9.9
	1970~1981년	0.9	7.2	8.2	3.7	11.0	6.5	9.0
GDP 중 농업 비중	1960년	6	18	36	48	37	16	16
	1981년	3	10	22	45	16	13	8
GDP 중 공업 비중	1960년	30	23	15	9	14	26	19
	1981년	25	24	17	10	28	27	22
수출/GDP	1960년	15	18	15	15	3	5	10
	1980년	20	23	23	12	39	9	13–17[b]
수출 구조 (1960/1981)	1차산품	34/28	84/55	96/82	91/71	86/10	97/61	88/61
	섬유	7/5	4/10	1/5	4/21	8/30	0/4	4/3
	기계 · 수송기계	29/35	2/13	0/2	0/2	0/22	0/17	1/19
	기타 공업 제품	30/32	10/22	5/6	5/6	6/38	3/18	7/17

주: a는 중국, 인도 제외한 값. b는 1981년 대신 1982년임.
자료: Lipietz(1987: 85~86).

의 거의 2배 정도였다고 할 수 있다.

한국은 산업 구조가 가장 극적으로 변화한 국가였다. 1960년에 GDP에서 농업이 차지하는 비중이 37%이고 제조업이 차지하는 비중이 14%였지만,

1981년에는 각각 16%와 28%로 역전되었다. 즉, 1960년에는 하위 중소득국의 산업 구조였으나 1981년에는 상위 중소득국 또는 선진 공업국의 산업 구조로 변모하였다. 반면, 브라질과 멕시코는 비교적 괜찮은 경제적 성과를 보였음에도 불구하고 1980년에도 여전히 1960년과 비슷한 상위 중소득국의 산업 구조에 머무르고 있었다.

한국경제의 극적인 변화는 대외거래에서도 확인된다. 산업 구조의 변화는 한국의 수출지향형 성장 전략과 맞물려 있었다. 한국은 GDP 대비 수출 의존도가 1960년에는 3%에 불과하여 세계적으로 매우 낮았으나 1980년에는 39%로 가장 높은 국가로 변모하였다. 수출상품 구조도 크게 변하여, 제1차 산품의 수출 비중이 1960년에는 86%였으나 1981년에는 10%로 감소하였다. 대신 섬유, 기계·수송기계, 기타 공업 제품의 비중이 14%에서 90%로 증가하였으며 특히 선진 공업국의 주요 수출품인 기계·수송기계의 수출이 0%에서 22%로 증가하였다. 상위 중소득국인 브라질과 멕시코의 수출상품 구조도 크게 변하였다고 할 수 있지만 한국에 비하면 그저 평범할 뿐이었다.

홍콩, 싱가포르, 대만, 한국은 동아시아의 기적을 이룬 국가들이지만, 이 중 홍콩과 싱가포르는 일찍부터 교역 위주로 성장한 도시국가이므로 일반적인 국민경제와 유형을 달리한다. 따라서 한국과 대만이 괄목할 만한 경제성장을 이룬 국민경제라고 할 수 있다. 한국 및 대만과 중남미의 중진국인 브라질 및 멕시코 간의 경제적 성과의 차이가 본격적으로 나타난 것은 중화학공업육성정책이 있었던 1970년대 이후였다. 한국과 대만은 중화학공업 육성을 계기로 하여 수출상품 구조를 변화시켰을 뿐 아니라 생산력과 공급 능력에서 새로운 도약을 하였다. 이러한 한국과 대만의 성장은 일본의 성장 모델을 학습한 것으로 평가되고 있다.

일본에서는 1950년대 초에 비교우위론에 입각하여 노동 집약적인 경공업을 추진해야 한다는 입장과 중화학공업을 육성하여 동학적 비교우위를 지향해야 한다는 입장이 있었으며, 후자의 주장에 따라 1950년대 중엽부터 중화학공업정책이 추진되었다 (니시노 준야 2012). 일본 정부는 1957년에 중화학공업 육성정책을 선언하고 세제 및 금융상의 우대 조치로 중화학공업을 지원하였으며, 10년 만에 수출 100

억 달러를 달성하였다. 일본이 중화학공업화를 착수한 때로부터 약 15년 후에 한국과 대만도 중화학공업정책을 선언하였다. 양국은 일본의 식민지였던 경험과 일본을 모방한 경제성장의 유형에서 유사성을 갖고 있었다. 다만 한국은 한국전쟁으로 인해 대만보다 공업화의 시작이 늦었다. 양국은 1960년대에 노동 집약적 경공업을 수출산업으로 하여 성장하였으며, 1970년대에 안보 위기와 산업 구조상의 필요라는 공통적 배경하에 중화학공업육성정책을 추진하였다. 그럼에도 불구하고 양국의 정책 간에는 상당한 차이가 있었다(표 6).

첫째, 한국은 산업 간 시너지 효과를 고려하여 중화학공업 전 업종에 걸친 6개 산업을 선정한 반면, 대만은 3개 산업(철강, 석유화학, 조선)만을 선정하였기 때문에 투자 규모에서 양국 간에 큰 차이가 있었다. 또한 한국은 협소한 국내 시장의 제약을 극복하기 위해 처음부터 수출산업으로 육성할 것을 목표로 하였지만 대만은 중규모의 사업으로 구상하여 수입대체형 산업을 지향하였다.

둘째, 한국은 정부가 정책을 주도하면서도 민간 대기업을 경영 주체로 한 반면, 대만은 3개 산업 모

| 표 6 | 한국과 대만의 중화학공업육성정책 비교표

	한국	대만
추진 기간	1973~1979년(당초 1973~1981년)	1974~1979년(10대 건설 사업 기간)
대상 업종	철강, 비철금속, 석유화학, 전자, 기계, 선박	철강, 석유화학, 조선
투자 규모	66억 달러(1970년 가격, 계획치)	21.5억 달러(1979년 단계 평가액)
추진 동기	단기적 수입 대체, 장기적 수출산업으로 육성	경기 활성화를 위한 공공사업의 일부, 수입 대체 중심
투자 주체	민간 대기업(일부 공기업)	국영 기업(일부 민간 기업)
지원 수단	금융 · 세제상의 지원	주로 세제상의 지원
자금 조달	해외 60%, 국내 40% 외국인 직접투자는 제한적으로 이용	해외 38%, 국내 62% 차관보다 외국인 직접투자에 의존
시장 개입	직접적이고 광범위한 개입	국영 기업을 통한 간접 개입, 제한적 개입

자료: 李建雨(1997: 65).

두 국영 기업(석유화학에 민간 기업이 일부 참여)으로 하였다. 이러한 차이는 이전의 성장 패턴과도 관련 있다. 한국은 1960년대의 공업화 초기부터 정부의 선별적 신용 배분 정책에 의해 대기업을 탄생시켰으나 대만은 전통적으로 중소기업이 시장을 지배하고 있는 상태였다. 그런데 규모의 경제 효과가 큰 중화학공업에는 대규모 자본이 진입하기에 상대적으로 용이하기 때문에 한국의 기업은 정부 정책에 비교적 잘 부응할 수 있었다.

셋째, 지원 정책 수단에서 한국은 국민투자기금에 의한 융자와 저리의 금융 지원과 세제상의 지원을 광범위하게 전개한 반면, 대만은 금융 지원을 가능한 한 억제하고 수출 가공구를 통한 세제상의 지원에 주로 의존하였다. 자금 조달에서 한국은 국민저축률이 낮아 내자 동원에 어려움이 있었기 때문에 차관에 크게 의존한 반면, 대만은 내자 의존도가 훨씬 높았으며 외자 도입에서는 외국인 직접투자에 주로 의존하였다.

한국의 중화학공업은 1979년 제2차 석유파동에 따른 불황과 이후의 투자조정을 거친 후 1980년대에 다시 가동률을 급속히 회복하면서 수출 경쟁력을 강화해 갔다. 반면, 대만은 국영 기업이 수익성이나 경쟁력에서 성과를 보이지 못하자 투자조정을 통해 방향을 선회하여 기계와 전자산업을 육성하였다. 결과적으로, 한국의 중화학공업은 철강, 자동차, 조선 등의 소재 및 완성품 조립산업이 중심이었고 대만은 전기, 기계 등 중간재 부품산업 중심이었다. 한국은 민간 대기업에 의한 거대 장치산업 중심으로 규모의 경제를 추구하였던 반면, 대만은 국영 기업 방식이 실패하고 다품종 소량 생산을 하는 중소기업 중심의 노동 집약적인 숙련산업을 육성하였다. 그 결과, 중화학공업 제품의 생산과 수출 대부분을 한국에서는 대기업 집단이 차지하게 되고, 대만에서는 중소기업이 차지하게 되었다.

표 7에서 보듯이, 두 번의 석유파동과 1970년대 말의 정치적 혼란에도 불구하고 한국은 1970년대에 연평균 9% 이상의 높은 GNP 성장률을 기록하였으며, 1980년에 처음으로 마이너스 성장을 하였지만 1981~1985년에도 여전히 평균 7~8%의 높은 성장률을 보였다. 높은 물가 상승에도 불구하고 제조업의 실질 임금은 1980년대 초를 제외하면 지속적으로 상승하였으며, 1971~1985년에 1인당 GNP는 경상가격으로 288달러에서 2,047달러로 상승하였다. 같은 기간에 제조업에서 중화학공업의 비중은 37.3%에서 54.3%로 증가하여 선진국형의 자립적 산업 구조에 접근하였으며, 수출에서 경공업과 중화학공업의 비중은 각각 56.9%, 11.1%에서 36.9%, 54.4%로 변하였다. 중화학공업 육성을 통해 달성하려던 '1981년 1인당 소득 1,000달러, 수출 100억 달러' 목표는 1977년에 달성되었다. 수출은 1970년대에 매년 평균 40%의 증가율을 보였으며 1985년에 302.8억 달러를 기

| 표 7 | 거시경제 지표

	성장률 (1980년 가격, %)	1인당 GNP (경상 가격, 달러)	제조업 (1980=100)		제조업 부가가치 구성(%)		수출 (백만 달러)	수출 구성	
			노동 생산성	실질 임금	중화학	경공업		경공업 제품	중화학 제품
1970	7.6	252	36.4	44.0	36.9	63.1	835	58.0	10.7
1971	9.1	288	39.9	45.0	37.3	62.7	1,068	56.9	11.2
1972	5.3	318	43.4	45.9	35.6	64.4	1,624	59.9	19.2
1973	14.0	395	47.2	52.5	39.4	60.6	3,225	62.8	23.5
1974	8.5	540	52.5	57.1	48.1	51.9	4,460	51.2	30.7
1975	6.8	590	58.6	57.9	45.3	54.7	5,081	53.9	23.5
1976	13.4	797	62.8	67.6	46.5	53.5	7,715	55.1	28.4
1977	10.7	1,008	69.6	82.2	48.7	51.3	10,047	55.5	33.2
1978	11.0	1,392	78.0	96.5	49.9	50.1	12,711	54.5	34.7
1979	7.0	1,640	90.3	104.9	52.1	47.9	15,056	51.4	38.5
1980	−4.8	1,589	100.0	100.0	50.5	49.5	17,505	48.4	43.9
1981	6.6	1,719	118.1	99.0	50.7	49.3	21,254	47.6	45.3
1982	5.4	1,773	127.3	105.9	51.1	48.9	21,853	42.9	50.8
1983	11.9	1,914	144.6	114.9	51.9	48.1	24,445	39.6	54.8
1984	8.4	2,044	159.8	121.5	53.6	46.4	29,245	38.2	56.8
1985	5.4	2,047	171.1	130.4	54.3	45.7	30,283	37.2	58.2

자료: 경제기획원(1987); 중화학제품 수출 구성비는 상공부(1988: 115).

록하였다(경제기획원 1987; 재무부·한국산업은행 1993).

중화학공업육성정책을 통해 한국경제의 산업 구조와 상대적 비교우위가 크게 변하였다. 현시비교우위지수(RCA)•에 의하면 1970~1980년대에 경공업은 점차 비교우위를 상실하고 중화학공업(수송장

현시비교우위지수(RCA): 어떤 산업이 비교우위를 갖고 있

는가를 보여 주는 종합 지표. 한 나라의 총수출에서 어떤 산업의 수출이 차지하는 비중이 세계 전체의 총수출에서 해당 산업의 수출이 차지하는 비중보다 크면(작으면) 비교우위(열위)에 있다고 한다.

비, 제1차 금속, 전기기계)은 점차 비교열위에서 벗어나 비교우위를 확보해 가고 있었다. 무역특화지수(=순수출/무역총액)로 보더라도, 1970년대를 통해 일부 중화학공업(철강, 금속제품, 수송기기, 전기전자, 조선)은 수입 대체 단계를 넘어 수출산업으로 성장하였음을 확인할 수 있다. 또한 광공업센서스를 이용하여 5년 간격으로 계산한 제조업 산업별 구성의 변화지수를 보면 1970년대 후반에 산업 구조의 변화가 가장 컸음을 확인할 수 있으며, 그것은 중화학공업정책의 대상이었던 산업의 비중이 커졌기 때문이었다(박기주 2015).

효율성과 총요소생산성

정학적인 균형이론의 입장을 취하는 대부분의 연구는 중화학공업 육성을 위한 지원 정책이 재화와 생산요소 시장에 심각한 왜곡을 발생시켰다고 평가하였다. 예컨대, 중화학공업에 대한 세제상의 우대와 보호 관세 및 금융 편중은 경공업 부문에 대한 세율 인상, 생산비 상승과 그로 인한 수출 경쟁력 약화 및 금융 고갈을 가져왔다는 것이다(유정호

2004). 그러나 이런 부정적 평가에 대한 반론도 있다. 중화학공업에 대한 금융 지원이 생각만큼 과도하지 않았고, 부채 비율은 경공업이 오히려 높았으며, 중화학공업에 대한 조세 감면 효과는 과장된 것이며, 중화학공업에 대한 보호주의는 모든 국가에서 일정 기간 존재하였으며 시장 왜곡의 정도가 심하지 않았다는 것이다(박영구 2008).

중화학공업육성정책에 대한 부정적 평가의 실증적 논거 중 하나는 정부의 정책이 중화학공업에 대한 과잉투자와 그로 인한 효율성 및 가동률의 하락을 초래하였다는 것이다. 유정호는 자본 효율성(=(부가가치-임금)/자본)이 높은 부문에 투자가 이루어져서 낮은 부문과의 자본 효율성 격차가 수렴되는 것이 효율적이라고 하면서, 1973~1980년에 경공업에 비해 중화학공업의 자본 효율성이 훨씬 낮았음에도 중화학공업에 투자가 집중되어 자원 배분이 왜곡되었기 때문에 경공업과 중화학공업 간의 자본 효율성 격차가 수렴하지 않았다고 하였다. 즉, 중화학공업에 대한 과잉투자가 경공업의 투자 재원을 잠식하여 결국 제조업 전체의 자본 효율성을 하락시켰다는 것이다(유정호 1991).

그러나 중화학공업이 과잉투자였다는 주장의 근거인 효율성 개념에는 문제가 있다. 효율성 지표는 자본과 노동의 완전한 대체 가능성을 전제로 하는 정학적 개념이다. 그러나 중화학공업은 산업의 특성상 투자 규모가 크고 자본의 회임기간이 길며 또한 자본은 불가분하기 때문에, 생산이 본격화되기 전인 초기 단계에는 가동률이 당연히 낮고 자본효율성이 낮을 수밖에 없다(박영구 2008). 따라서 어느 시점에서 자본 효율성을 따지는가에 따라 그 결과가 달라진다. 중화학공업육성정책은 산업 구조의 전환을 통해 동학적 비교우위를 확보하는 것을 목적으로 한 정책이므로 동학적 관점에서 평가되어야 한다. 이제민은 동학적 관점에서 비용편익분석을 통해 중화학공업육성정책이 산업을 선별 육성하는 데 성공하였으며 1980년대에 시장 규율이 도입되면서 중화학공업이 경쟁력을 갖게 되었다고 하였다(이제민 2005).

한편, 오티는 산업별로 보면 중화학공업의 자본수익률•이 경공업보다 낮았다고 일률적으로 말하기 곤란하며, 제2차 석유파동에 의한 '예상치 못한 수요 감소'가 중화학공업의 가동률이 하락하게 된

자본수익률: 투자한 자본에 대해 얻은 이익의 비율. 경상이익을 총자본으로 나눈 총자본경상이익률과 경상이익과 금융비용을 더한 값을 총자본으로 나눈 기업경상이익률이 있다. 양 지표 사이의 차이는 금융비용 부담률의 차이라고 할 수 있다.

가장 중요한 원인이라고 하였다(Auty 1992). 따라서 1980년의 불황이 중화학공업에 대한 과잉투자 때문이라는 주장은 잘못된 것이며, 해외 여건의 악화로 중화학공업 제품의 해외 수요가 감소하였기 때문에 설비의 과잉이 생겼다고 할 수 있다(장하원 1997; 박원암 2001). 즉, 과잉설비는 정책의 실패라기보다 수출을 목표로 하는 생산 설비 확대기 제2차 석유파동에 의한 세계적인 경기 침체로 인해 수요 증대로 이어지지 않아 중화학공업 제품의 수출이 부진하면서 나타난 문제라고 할 수 있다.

그럼에도 신군부가 등장하자마자 바로 중화학공업의 과잉설비를 중요한 경제 문제의 하나로 삼아 투자조정에 착수한 것은 정치적 영역에 속하는 일이었다(김영봉 2003). 신군부는 1980년의 마이너스 성장을 비롯한 모든 경제적 문제를 중화학공업정책의 탓으로 돌리고 투자조정을 통해 정권의 명분을 얻고자 하였으며, 정부 개입이 없는 자율적 시장을 금과옥조처럼 생각하는 경제 관료와 학자가 그에 편승하여 중화학공업의 과잉투자와 비효율성을 주장하였다고 볼 수 있다. 그러나 투자조정은 중화학공업 전체가 아니라 자동차와 발전설비 등의 일부

분야에 국한되었으며, 게다가 자동차 부문은 우여곡절 끝에 원래 상태로 돌아가고, 발전설비는 예상치 않은 공기업의 탄생으로 끝났다. 이처럼 투자조정은 무리한 것이어서 정부의 의도대로 되지 못하고 오히려 인력과 자원의 손실과 갈등을 초래하였다(박기주 2018).

중화학공업육성정책이 시장 왜곡과 과잉투자를 야기하였다고 주장하는 경제학자들의 또 다른 중요한 실증적 논거는 총요소생산성(TFP)•이다. 요소 투입에 의존한 성장은 한계에 직면할 수밖에 없기 때문에 개도국이 선진국을 따라잡을 수 있을 만큼 성장하기 위해서는 TFP 증가율이 커야 한다. 크루그먼은 TFP 추계 결과에 의거하여, 동아시아 NICs의 고도성장은 대부분 자본 축적에 의한 것이며 기술혁신에 의한 부분이 미미하다고 하였다(Krugman 1994). 국내 연구자들 역시 중화학공업정책이 중화학공업의 투자 효율의 저하를 가져와 시장의 자원 배분 기능을 크게 약화시키고 TFP 증가율의 둔화를 가속시켰다고 하였다(이성순 1988; 이병기 1998). TFP 분석 연구의 대부분은, 중화학공업정책 기간에 왜곡되었던 시장 기능이 어느 정도 회복되면서 TFP가 다소 증가

총요소생산성(TFP): 생산에 투입되는 모든 생산요소의 종합적 생산성. 일반적으로 총투입물에 대한 총산출물의 비율로 측정된다. 생산기술에 대한 몇 가지 가정하에서 TFP의 증가는 생산에 사용된 생산요소(노동과 자본) 투입의 증가로 설명되지 않는 산출 증가의 일부. 즉, 요소 투입에 의해 설명되지 않고 남는 생산량의 잔차(residual)로 산출된다. TFP 추계는 정학적인 균형 상태를 가정한다.

한 것으로 분석하였다. 그러나 이러한 TFP 분석에는 다음과 같은 문제가 내포되어 있다.

첫째, 강력한 정부 정책이 없었던 1980년대의 TFP가 1970년대보다 더 높았음을 이유로 1970년대의 중화학공업정책에 부정적 평가를 내리는 것은 타당하지 않다. 1970년대의 낮은 TFP에 대해서는 틀에 박힌 균형이론적 설명보다 동학적 차원의 셋업 비용으로 설명이 가능하다. 중화학공업화는 기술 사다리를 올라가는 과정과 같다. 새로운 기술을 습득하기 위해 초기에는 셋업 비용이 들어가지만 학습이 이루어지면 TFP는 서서히 증가한다(Timmer 1998). 이런 동학적 변화 과정을 생각하면 정부가 중화학공업화를 드라이브하는 일정한 시점까지는 비효율이 수반되지만 이후에는 정부 개입의 필요가 없어지고 점차 생산성이 높아질 것을 예상할 수 있다.

둘째, TFP는 연구마다 데이터나 추계 방식에 따라 결과에서 상당한 차이를 보이고 있다. 자본스톡 증가율의 추정, 자본소득 분배율과 노동소득 분배율의 추정, 기준연도와 비교연도의 설정, 생산함수의 형태, 부가가치 모형과 산출 모형의 차이 등이 결과에서 큰 차이 낳는다(박영구 2008). 또한 연구자들마다 사용하는 데이터가 다르기 때문에, 첸은 동아시아의 TFP에 관한 기존의 연구를 개관하면서 TFP 추계의 신뢰성은 데이터에 달려 있다고 하였다(Chen 1997). 예컨대, 크루그먼이 주장의 논거로 삼은 논문의 필자 중 한 사람인 김종일은 추계 방식을 변경하여 TFP를 분석한 결과 1970년대 중화학공업정책이 장기적으로 TFP 증가에 우호적 영향을 미쳤으며 정부 개입에 의한 자원 배분의 왜곡이 크지 않았다고 하였다(김종일 1998). 또한 김동석은 1975~1980년에 중화학공업의 TFP가 경공업의 TFP를 능가하였으며 그 추세가 이후에도 계속 이어졌다고 분석하였다(김동석 2004).

셋째, TFP는 개념적으로 측정에 많은 한계가 있음이 지적되고 있다. 기술은 하늘에서 만나(manna)처럼 내려오는 것이 아니며 자본재 안에 체화되어 있기 때문에 TFP처럼 잔여로 측정될 수 있는 것이 아니다. 따라서 투자를 모두 물적 자본의 증가로 간주하고 자본재에 결합된 기술을 고려하지 않으면 TFP가 결과적으로 과소하게 추계된다(Drysdale and Huang 1997). 또한 실제로 관찰되는 것은 정학적 상태에서 생산요소의 대체성을 가정한 생산함수가 아니라 동학적 상태에서 보완성을 가진 생산요소의 결합과 산출량이며, 따라서 생산에 대한 기여를 인적 자본과 물적 자본으로 분리하는 것은 사실상 무의미하다(Felipe 1999). 그러므로 TFP라는 단순한 개념으로 경제정책에 대한 너무나 많은 추론이 이루어지고 있는 것이 문제라고 할 수 있다.

중화학공업은 규모의 경제 효과가 큰 산업이고 경쟁력을 갖기 위해서는 일정 규모의 생산설비가 필요하다. 따라서 정학적 균형이론의 관점에서 보면 중화학공업육성정책이 시장을 교란시키고 비용과 비효율을 유발한 것으로 보이지만, 동학적 관점에서 보면 정책은 이후 1980년대에 민간 경제 주체가 사적 이윤의 동기에 따라 시장에 적극적으로 대응하면서 효율성과 생산성을 높여갈 수 있는 기반을 제공하였다고 할 수 있다.

재벌 체제와 소득 분배

중화학공업육성정책은 국내 수요의 부족을 고려하여 독점기업을 지원하는 것을 기본 방향으로 하였다. 중화학공업은 자본 및 기술 집약적 산업이며 규모의 경제라는 특성을 갖고 있기 때문에 대기업이 아니면 진출하기 어렵다. 또한 기업가적 능력이라는 인적 자원이 희소한 상황이었기 때문에, 정부는 중화학공업에 진출할 기업을 선정할 때 기업가적 능력이 검증된 대기업을 파트너로 하였다. 그 결과 중화학공업육성정책은 가족경영의 대기업 집단인 재벌을 탄생시켰다. 이처럼 재벌은 급속한 산업화 과정에서 정책적 선택에 의해 탄생하였으며, 이후 한국경제를 지배하면서 끊임없는 논쟁의 대상이 되었다.

정부는 중화학공업에 진출한 대기업에 대해 재정 및 금융상의 지원과 가격보호 등의 특혜를 제공하였다. 따라서 각종 특혜가 주어지는 중화학공업에 진출하는 것 자체가 재벌로 성장할 수 있는 기회였다. 1970년대에 제조업 투자의 75~80%가 중화학공업에 대한 투자였으며 중화학공업 내에서 시설자금의 90% 이상이 대기업에 집중되었으며(박영구 2003), 재벌은 중화학공업화 과정에서 순환출자를 통해 사업 다각화를 실현하면서 경제력을 집중하였다. 그 결과 표 8에서 보듯이 출하액과 고용에서 재벌이 차지하는 비중은 계속 높아졌다. 1970년대는 출하액과

| 표 8 | 대기업 집단의 제조업 점유율

(단위: %)

	연평균 경제성장률					
	1977	1978	1979	1980	1981	1982
5대 집단	15.7	15.9	16.3	16.9	21.5	22.6
10대 집단	21.2	22.0	22.7	23.8	28.4	30.2
15대 집단	25.6	26.2	27.1	28.1	32.6	33.9
20대 집단	29.3	29.4	30.3	31.4	35.3	36.6
25대 집단	31.9	31.9	33.0	33.9	37.7	38.8
30대 집단	34.1	34.1	35.2	36.0	39.7	40.7
	고용자 수					
	1977	1978	1979	1980	1981	1982
5대 집단	9.1	9.5	10.5	9.1	8.9	8.4
10대 집단	12.5	13.9	13.5	12.8	12.8	12.2
15대 집단	14.4	16.1	17.5	16.3	15.5	14.5
20대 집단	17.4	18.2	20.0	17.9	17.0	16.0
25대 집단	18.9	21.0	22.2	20.1	18.7	17.1
30대 집단	20.5	22.2	24.5	22.4	20.8	18.6

자료: 이규억·이성순(1985: 97).

고용에서 재벌이 차지하는 비중이 동반 상승하는 자본 확장(widening)의 시기였다면 1980년대는 출하액 비중은 증가하지만 고용 비중은 오히려 감소하는 자본 심화(deepening)의 시기였다. 이렇게 성장한 재벌은 시장에 대해 미치는 영향력을 점차 확대하였으며, 오늘날 한국경제를 설명하는 중요한 특징이 되었다.

재벌이 경제에 미치는 영향은 양면적이다. 경제력 집중의 긍정적 효과는 다각화를 통해 희소한 자본, 기술 및 고급 인력을 좀 더 쉽게 조달하고 효율적으로 이용할 수 있다는 점이다. 재벌은 정부의 지원 없이는 경제력을 집중할 수 없었기 때문에 정부의 규율하에 있었다. 정부는 각종 특혜를 주는 대신 업체들 간의 경쟁을 유도하고 경영 성과에 따라 신상필벌하였다. 재벌이 경제에 미치는 부정적 효과는 수직적 결합 등에 의해 시장을 내부화하여 축소시키고 그로 인해 효율적인 비계열 기업의 수를 감소시킨다는 점이다. 즉, 재벌 계열사는 비계열사에 비해 경쟁력이 떨어짐에도 불구하고 재벌의 자본력이나 명성을 이용하여 시장에서 비계열사보다 유리한 입장에 서는 반면, 효율적인 비계열사는 오히려 시장에서 퇴출될 가능성이 크다. 또한 재벌 계열사 간의 자본 결합은 집단 전체의 재무 구조를 악화시켜 연쇄 도산으로 이어질 위험을 내포하고 있다.

한편, 재벌을 파트너로 한 중화학공업육성정책에 대한 비판은 재벌의 경제력 집중으로 인해 소득 불평등이 심화되었다는 것이다. 경제성장은 물질적 빈곤으로부터 탈출을 위한 것이며 따라서 반드시

성취해야 할 목표였다. 빈곤으로부터의 탈출은 국민에게 동기를 부여하기 위해 박정희 대통령이 자주 사용한 슬로건이었다. 문제는 경제성장 과정에서 그에 따른 이익이 고르게 분배되지 않을 가능성이 크다는 것이다. 그러나 소득 분배에 관한 여러 추계 결과를 보면 1970년대 후반에 소득 분배 상태가 악화되었다고 보기는 어렵다.

생산성이 높은 제조업의 취업자 비중이 높아지고 실질임금이 상승하고 있었기 때문에, 1970년에 41.0%이던 노동소득분배율은 1980년에 53.8%로 급속하게 증가하였으며(경제기획원 1981), 1970년대 후반에 한국의 제조업 임금은 동아시아의 다른 개도국에 비해 빠르게 상승하였다(한국경제60년사편찬위원회 2010). 또한 소득 최상층에 적용되는 한계세율은 1960년대 중엽에 40%에 미치지 않았으나 1970년대 후반에는 70%를 유지하였으며 이후 점차 하락하였다. 그 결과, 1인당 소득은 빠르게 증가하면서 소득계층별로 거의 비슷한 증가율을 보였다(김낙년 2013). 소득 불평등은 오늘날 심각한 사회적 문제이지만, 중화학공업육성정책이 추진된 1970년대에는 그다지 악화되지 않았으며, 1980년대 이후에 정부의 실책이나 세계경제 환경의 변화(신자유주의)로 인해 심화된 문제라고 할 수 있다.

나가며

한국은 1960년대에 경공업 중심의 수출지향형 성장 전략을 통해 공업국으로 성장할 수 있는 기반을 다진 후, 1970년대에 한국형 산업정책이라고도 하는 중화학공업육성정책을 추진하였다. 중화학공업정책에 대해서는 긍정과 부정의 평가가 있지만 결과적으로 보면 성공한 정책이었다고 할 수 있다. 중화학공업육성정책을 통해 한국은 수출 구조와 산업 구조의 고도화에 성공하였으며, 자립경제를 달성하고 개도국에서 선진 공업국으로 가는 길을 열었다고 할 수 있다. 비슷한 시기에 다른 개도국들도 그런 변화를 꾀하였지만 한국과 같은 성공적인 결과를 얻지는 못하였다. 물론 정책은 부작용을 동반하였지만 그렇다고 시장의 힘에 맡김으로써 그런 변화가 가능하였을 것으로 상상하기는 어렵다.

중화학공업육성정책이 성공할 수 있었던 요인에는 정부의 혁신적 리더십, 기업가의 역량과 노동자의 질적 우수성, 국제적 여건이 있었다고 할 수 있다. 추격(catch-up) 이론에 의하면, 내재적 학습 능력 수준이 높고 기술 선도국과의 기술적 격차가 작은 후발국들이 추격에 성공할 수 있다(Verspagen 1991). 이 점에서 보면, 내재적 학습 능력은 높았지만 기술적 격차가 컸던 개도국 한국이 추격에 성공할 수 있었던 것은, 결국 후발성의 이익을 실현하는 민간의 능력과 그 능력을 도출해 내는 정부의 리더십에 있었다고 할 수 있다.

1973년 연두기자회견에서 대통령이 미래의 달성 목표를 내세우고 강력한 추진 의지를 선언함으로써 정부 모든 부처의 역량을 집중시키고 각종의 인센티브를 활용하여 민간 기업의 참여를 독려한 것은 중요한 의미를 갖는다. 경공업에 비교우위가 있는 경제에서 중화학공업을 수출산업으로 육성한다는 것은 정부의 정책적 혁신이었다. 혁신이 성과로 이어지기 위해서는 국내외적 상황에 능동적으로 신속하게 반응하여 자원을 효과적으로 동원하고 선진기술을 내재화하기 위한 강력한 리더십이 필요하였다. 경제정책에 관한 박정희의 리더십은 월간경제동향회의, 수출진흥확대회의, 중화학공업추진위원회 회의를 통해 잘 나타나고 있었다.

시장의 힘으로 수출 및 산업 구조의 질적 전환을 이끌기 어려운 상황에서 정부가 중화학공업화를 주도하였지만 어디까지나 민간 기업을 주체로 하였기 때문에 민간 조직과 개인의 기술 능력이 축적될 수 있었다는 점이 중요하다. 따라서 중화학공업화를 비효율적인 정책이 가져온 경제적 왜곡이라거나 결과적으로 대외 종속적이고 파행적인 경제를 가져온 것으로 이해하는 기존의 주류 경제학이나 비주류 경제학 양 진영에서의 비판적 평가는 경공업의 성숙 단계에 이른 한국경제에 대해 중화학공업육성정책이 갖는 경제발전의 단계론적 의미를 간과하거나 이해하지 못한 데서 비롯된 것이다.

다음으로, 1970년대의 중화학공업육성정책은 성공적인 성과와 함께 한국경제가 해결해야 할 부정적 유산을 남겼다. 그중 가장 대표적인 것은 재벌 체제의 부정적 측면이다. 재벌은 정부의 강력한 지원하에 성장하였으며, 거기에는 소비자와 중소기업의 희생이 있었다. 이런 희생 위에서 경쟁력 있는 브랜드 산업(철강, 조선, 자동차, 화학, 전자)이 나타날 수 있었다. 재벌은 정책기간 동안 강한 정부에 의해 통제

되었으나, 정부의 통제가 약화된 이후에는 시장의 지배자가 되어 여러 가지 부작용을 발생시켰다. 정부의 규율이 사라진 다음에 그 자리를 대신할 시장의 규율로 1980년에 공정거래법이 도입되지만, 오히려 재벌과 정치 권력의 유착은 대마불사라는 신조어를 만들었다. 재벌의 무분별한 확장이 심해졌으며 그것은 결국 1997년 말의 외환위기를 가져온 요인의 하나가 되었다.

대기업과 중소기업의 공존할 때 국민경제는 건강하다고 할 수 있다. 이를 위해서는 부품 생산을 하는 중소기업과 소재 및 조립 생산을 하는 대기업 간에 수직 계열화가 잘 이루어져 기술혁신의 시너지가 발휘되어야 한다. 그러나 대기업은 중소기업을 동반자로 여기기보다 경쟁 대상 또는 지배 대상으로 인식하였으며, 그 결과 목전의 이익을 높이는 데는 성공하였을지 모르지만 기업 생태계를 파괴시키고 말았다. 대기업의 성장으로 국민경제의 외형이 커지더라도 고용 효과가 큰 중소기업이 영세화하고 고용이 증가하지 않으면 내수 기반은 점점 줄어들 수밖에 없다.

또 하나의 부정적 유산은 한국경제의 성공을 가

져온 산업들이 에너지 및 환경 문제로 인해 경제에 큰 부담이 되고 있다는 점이다. 조선, 철강, 석유화학 등은 에너지 다소비형이고 공해 유발적이어서 기술 경쟁력을 유지하기가 어려운 산업들이다. 과거에 한국이 그랬던 것처럼, 이들 산업은 다른 개도국, 특히 싼 임금을 무기로 하는 중국의 추격을 받아 경쟁력을 급격히 상실하고 있다. 게다가 이들 산업은 자본 집약적인 형태로 발전하면서 과거와 같은 고용을 유지하고 있지 못하다. 중화학공업은 에너지 및 환경 문제를 극복하고 혁신을 만들어 내야 하는 과제를 안고 있다. 역설적이지만 대만은 중후장대형의 중화학공업 육성에 실패하고 대신 전자산업 및 기계산업을 육성한 결과 한국보다 안정된 모습을 보여 주고 있다.

마지막으로 언급할 것은 정부의 역할이다. 중화학공업은 내수 시장, 산업간접자본, 금융 시장이 아직 미성숙한 상태여서 시장의 힘만으로 성립이 불가능하였기 때문에 정부 개입에 의해 육성될 수밖에 없었다. 그러나 정책적 지원을 받아 민간 기업이 어느 정도 경쟁력을 가질 만큼 성장하였기 때문에, 수출 의존적인 한국경제는 시장개방 압력이 강해진

국제 환경의 변화에 대응하여 시장에서 경쟁이 정상적으로 작동하는 체제로 전환하였다. 이처럼 경제가 성장하면 정부 개입의 필요성은 점차 줄어들게 된다. 즉, 1980년대의 시장 자율화는 중화학공업 육성정책에 의한 경제성장 위에서 가능하였다.

그러나 경제가 성장하고 시장이 성숙하면 정부의 역할은 사라지는 것인가? 시장제도의 발전은 개인의 자유로운 경제 활동을 보장하지만 그것이 완벽한 결과를 만들어 내지는 않는다. 따라서 시장도 하나의 제도이므로 그것에 대한 지나친 낙관은 금물이다. 특히 각국이 자국 이익만을 추구하는 국제 환경하에서 선별적인 산업 및 무역 정책은 여전히 유효하게 작동한다. 오늘날 세계경제는 자유무역을 지향하는 WTO 체제하에 있지만 이 체제를 주도하고 시장제도가 가장 발달하였다고 하는 국가에서도 정부의 산업 및 무역 정책이 사라졌다고 보기 어렵다.

또한 정부는 시장에서의 공정한 경쟁을 가능하게 하는 제도를 확립하는 것뿐 아니라 포용적 성장을 위한 제도적 변화를 선도할 수도 있다. 포용적 성장은 대중이 경제성장에 기여하고 성장의 이익을 누리는 것을 의미한다. 따라서 포용적 성장은 공정한 경쟁 환경하에서 대다수의 참여자에게 경제적 기회를 조성해 줄 수 있을 때 가능하다(Acemoglu and Robinson 2012). 이 같은 포용적 성장은 창조적 파괴라는 혁신 활동과 함께 경제적 다양성과 경쟁이 가능한 구조로의 전환을 요구한다. 정부는 구조 전환을 위한 제도의 변화를 선도할 수 있다. 포용적 성장에서 주목하는 것은 기업보다는 개인이며, 따라서 포용적 성장을 위한 정책은 노동 공급 면에서 개인의 생산 능력을 강화하고 노동 수요 면에서 생산적 고용의 기회를 열어가는 방법을 찾는다.

참고문헌

경제기획원(1973),『우리경제의 장기전망 1972-1981』.

______(1981),『주요경제지표』.

______(1987),『주요경제지표』.

구본영(1980),『석유화학공업의 현황과 전망』, 한국개발연구원.

김광모(1988),『한국의 산업발전과 중화학공업화정책』, 지구문화사.

김　견(1994),「1980년대 한국의 기술능력발전에 관한 연구」, 서울대학교 박사학위논문.

김낙년(2013),「한국 소득분배」, 낙성대경제연구소 working paper 2013-06.

김동석(2004),「산업부문별 성장요인분석 및 국제비교」, KDI 정책연구시리즈 2004-07, KDI.

김상조(2011),「외환위기의 뿌리」, 유종일 편,『박정희의 맨얼굴』, 시사IN북, 143~182.

김성남·박기주(2014),「중화학공업화 정책의 수립, 전개 및 조정」, 박기주 외,『한국 중화학공업화와 사회의 변화』, 대한민국역사물관, 99~168.

김영봉(2003),「중화학공업시대의 산업정책연구」, 한국개발연구원,『KDI 정책연구사례 -지난 30년의 회고-』, 169~190.

김종일(1998),「국제비교를 통하여 본 한국 제조업 구조변화와 총요소생산성」,『국제경제연구』 4(3), 63~89.

니시노 준야(2012),「일본 모델에서 한국적 혁신으로 - 1970년대 중화학공업화를 둘러싼 정책과정」,『세계정치』 32(2), 167~259.

대통령경제제2비서실(1973),『중화학공업화 정책선언에 따른 공업구조개편론』.

박기주(2014),「중화학공업화 정책에 대한 평가의 재검토」, 박기주 외,『한국 중화학공업화와 사회의 변화』, 대한민국역사박물관, 621~694.

______(2015), 「수출지향적 경제성장과 중화학공업화」, 박경로 외, 『한국의 무역성장과 경제·사회 변화』, 대한민국역사물관, 131~198.

______(2017), 「1980년대 초의 외채 위기」, 김두얼 외, 『한국의 경제 위기와 극복』, 대한민국역사물관, 107~176.

______(2018), 「1980년대 초 중화학공업 투자조정의 과정과 평가」, 『경제사학』 42(1), 3~35.

박영구(2003), 「1970년대 중화학공업과 경제력 집중」, 『經濟研究』 21(3), 207~232.

______(2008), 『한국 중화학공업화 연구 총설』, 도서출판 해남.

______(2012), 『한국의 중화학공업화: 과정과 내용(Ⅰ)』, 도서출판 해남.

______(2015), 『한국의 중화학공업화 공업별 연구: 기계공업』, 도서출판 해남.

박우희(1980), 「한국에 있어서의 수입기술의 흡수와 확산에 관한 실증분석 – 석유화학공업사례」, 『경제논집』 19(2), 194~225.

박원암(2001), 「한국경제성장의 요인과 특징」, 『동북아연구』 제5권, 89~113.

박이택(2014), 「공작기계 산업 생태계 형성과 정부 정책」, 박기주 외, 『한국 중화학공업화와 사회의 변화』, 대한민국역사물관, 301~385.

배석만(2014), 「조선산업의 성장과 수출전문 산업화」, 박기주 외, 『한국 중화학공업화와 사회의 변화』, 대한민국역사물관, 387~450.

사공일(1980), 「경제성장과 경제력 집중」, 『한국개발연구』 2(1), 1~13.

사공일 · L. P. 존스(1981), 『경제개발과 정부 및 기업가의 역할』, 한국개발연구원.

상공부(1971), 『통상백서』.

______(1988), 『무역진흥 40년』.

암스덴(2002), 「후발 산업화 모델의 전개」, 이일영·전병유 외, 『개방화 속의 동아시아』, 56~86.

오원철(1999), 『한국형경제건설 7』, 기아경제연구소.

______(2006), 『박정희는 어떻게 경제강국 만들었나』, 동서문화사.

유정호(1991), 「1970년대 중화학공업화 정책이 자본효율성과 수출경쟁력에 미친 영향」, 『한국개발연구』 13(1), 65~113.

______(2004), 『관치 청산 – 시장경제만이 살 길이다』, 책세상.

이규억 · 이성순(1985), 『기업결합과 경제력 집중』, 한국개발연구원.

이규억 · 이재형(1985), 『기업집단과 경제력 집중』, 한국개발연구원.

이병기(1998), 『한국경제의 성장요인과 산업정책의 역할』, 한국경제연구원.

이병천(2000), 「발전국가체제와 발전딜레마 – 국가주의적 발전동원체제의 재조명」, 『경제사학』 제28호, 105~138.

이병천 편(2003), 『개발독재와 박정희시대: 우리시대의 정치경제적 기원』, 창비.

이성순(1988), 『정부주도형 산업 구조정책의 성과와 과제』, 전국경제인연합회.

이제민(2005), 「'동아시아 경제 기적'과 한국의 산업정책 – 중화학공업화 정책에 대한 평가」, 『경제발전연구』 11(1), 1~25.

장하원(1997), 「한국 산업정책의 진화과정과 이윤율 주세(1963-90)」, 조원희 편, 『한국경제의 위기와 개혁과제』, 풀빛, 211~265.

재무부 · 한국산업은행(1993), 『한국외자도입 30년사』.

중화학공업추진위원회기획단(1973), 「중화학공업육성계획」.

______(1979), 『한국공업화발전에 관한 조사연구 제3권 정책결정과정의 이면사』.

한국경제60년사편찬위원회(2010), 『한국경제 60년사 II 산업편』, KDI.

한국은행(1980), 『경제통계연보』.

______(1989), 『국민투자기금총람』.

末廣昭(2002), 『キャッチアップ型工業化論 – アジア經濟の軌跡と展望』, 名古屋大學出版會.

李建雨(1997), 「韓國産業の成長と構造變化: 臺灣との比較に基づいた重化學工業化政策の再評價」, 慶應義塾大學 博士論文.

青木昌彦 外(1996), 『東アジアの經濟發展と政府の役割』, 日本經濟新聞社.

Abramovitz, M.(1986), "Catching up, Forging Ahead, and Falling Behind," *Journal of Economic History*, 46(2), 385~406.

Acemoglu, D. and J. A. Robinson(2012), *Why Nations Fail: The Origins of Power, Prosperity and Poverty*, Currency(최완규 역(2012), 『국가는 왜 실패하는가』, 시공사).

Amsden, A. H.(1989), *Asia's Next Giant: South Korea and Late Industrialization*, Oxford

University Press(이근달 역(1991), 『아시아의 다음 거인』, 시사영어사).

______(1991), "Big Business and Urban Congestion in Taiwan: The Origin of Small Enterprise and Regionally Decentralized Industry," *World Development*, 19(9), 1121~1135.

Auty, R. M.(1992), "The Macro Impacts of Korea's Heavy Industry Drive Re-evaluated," *The Journal of Development Studies*, 29(1), 23~48.

Chen, Edward K. Y.(1997), "The Total Factor Productivity Debate: Determinants of Economic Growth in East Asia," *Asian-Pacific Economic Literature*, 11(1), 18~38.

Collins, S. M. and Won-Am Park(1989), "External Debt and Macroeconomic Performance in South Korea," in J. D. Sachs and S. M. Collins, eds., *Developing Country Debt and Economic Performance*, Vol. 3, University of Chicago Press, 121~140.

Drysdale, P. and Y. Huang(1997), "Technological Catch-up and Economic Growth in East Asia and the Pacific," *The Economic Record*, 73(222), 201~211.

Eichengreen, B.(2012), "Government, Business and Finance in Korean Industrial Development," *International Economic Journal*, 26(3), 357~377.

Felipe, J.(1999), "Total Factor Productivity Growth in East Asia: A Critical Survey," *The Journal of Development Studies*, 35(4), 1~41.

Forbes, N. and D. Wield(2008), "Innovation Dynamics in Catch-up Firms: Process, Product and Proprietary Capabilities for Development," *Industry and Innovation*, 15(1), 69~92.

Gerschenkron, A.(1962), *Economic Backwardness in Historical Perspective*, Cambridge: Harvard University Press.

Kim, Linsu(1997), *Imitation to Innovation*, Harvard Business Review Press(임윤철·이호선 역(2000), 『모방에서 혁신으로』, 시그마 인사이트컴).

Kohli, A.(2004), *State-Directed Development: Political Power and Industrialization in the Global Periphery*, Cambridge University Press.

Krugman, P.(1994), "The Myth of Asia's Miracle," *Foreign Affairs*, Nov./Dec., 62~78.

Lane, N.(2021), "Manufacturing Revolutions: Industrial Policy and Industrialization in South Korea," ZBW – Leibniz Information Centre for Economics, Kiel, Hamburg.

Lipietz, A.(1987), *Mirages and Miracles: The Crisis of Global Fordism*, Verso.

Liu, E.(2019), "Industrial Policies in Production Networks," *The Quarterly Journal of Economics*, 134(4), 1883~1948.

Maddison, A.(2003), *The World Economy: Historical Statistics*, OECD.

Stiglitz, J. E. and S. Yusuf(2001), *Rethinking the East Asian Miracle*, Oxford University Press.

Szirmai, Adam(2008), "Explaining Success and Failure in Development," United Nations University Working Paper #2008-013.

The World Bank(1987), *KOREA Managing the Industrial Transition*, Vol. II, The World Bank.

______(1993), *The East Asian Miracle: Economic Growth and Public Policy*, Oxford University Press.

Timmer, M. P.(1998), "Catch Up Patterns in Newly Industrializing Countries. An International Comparison of Manufacturing Productivity in Taiwan 1961-1993," Research Memorandum GD-40.

Timmer, M. P. and A. Szirmai(1999), "Comparative Productivity Performance in Manufacturing in South and East Asia, 1960-93," *Oxford Development Studies*, 27(1), 57~79.

Verspagen, B.(1991), "A New Empirical Approach to Catching Up or Falling Behind," *Structural Change and Economic Dynamics*, 2(2), 359~380.

Wade, R.(1990), *Governing the Market*, Princeton University Press.

Westphal, L. E.(1990), "Industrial Policy in an Export-Propelled Economy: Lessons from South Korea's Experience," *Journal of Economic Perspective*, 4(3), 41~59.

찾아보기

[ㄱ]
간접금융 • 33
개발국가론 • 4
거시경제 지표 • 83
경제력 집중 • 102
계획조선 • 55
고유 모델 • 77
공공차관 • 39
공업구조개편론 • 22
공업육성법 • 13
공업진흥청 • 48
과잉투자 • 93
과학기술인력수급계획 • 46
관세법 개정 • 42
국가기술자격법 • 47
국가전산망 구축 사업 • 65
국민투자기금 • 34
국민투자기금운용심의회 • 34
국외 금리 • 40
국제 분업 구조 • 19
국제 유동성 • 21
규모의 경제 • 88, 99
균형론 • 5
금성사 • 61
기계공업진흥기본계획 • 71
기계공업진흥법 • 70
기계산업 • 70
기술 능력 • 107
기업가적 능력 • 100
기업공개촉진법 • 33
기업 생태계 • 108
기획난 • 28

[ㄴ]
나프타 • 66
내부노동시장 • 59
내자 동원 • 32
노동 생산성 • 51

[ㄷ]
다각화 • 102
대덕연구단지 • 47
대만 • 87
대일청구권 자금 • 12
대한국제제철차관단(KISA) • 12
대한조선공사 • 53

동학적 • 94, 97, 99

[ㄹ]
리더십 • 106
리버스 엔지니어링 • 63, 72

[ㅁ]
명시적 기술 • 54, 64
무역특화지수 • 92
묵시적 기술 • 54, 64

[ㅂ]
발전론 • 5
방위산업 • 13, 14
부품조립(KD) • 75
브레튼우즈 체제 • 20
비교우위 • 91
비용편익분석 • 94

[ㅅ]
4대 핵공장 사업 • 14
산업 구조 • 85, 92
산업기지 • 44
산업기지개발촉진법 • 45
산업 생태계 • 74
산업육성정책 • 2
산업은행 • 35
산업정책 • 2
상업차관 • 39
석유화학공업육성기본계획 • 67
석유화학산업 • 66
석유화학시설확장기본계획 • 67
섬유 협상 • 17
세계은행 보고서 • 3
셋업 비용 • 26, 97
소득 분배 • 103
소득 불평등 • 103
수정주의적 견해 • 4
수직적 결합 • 102
수직적 계열화 • 77, 108
수출 금융 • 36
수출산업 • 23, 25, 87
수출상품 구조 • 85
수출 의존도 • 85
수출입 링크제 • 15
수출지향형 성장 • 16, 105
수출진흥종합시책 • 15
수출진흥확대회의 • 18
수평적 계열화 • 76
순환출자 • 100
시장 우호적 • 4
시장 자율화 • 110
시장 확장적 • 5
실무위원회 • 29
실질임금 • 103
실효법인세율 • 44

[ㅇ]
양산 체제 • 76

연불수출금융 • 55
월간경제동향회의 • 18
유로 크레디트 • 21
이차(利差) 보전금 • 38
일본 • 86
1인당 GNP • 90

[ㅈ]

자격검정제도 • 47
자국민주의 • 62
자동차공업육성기본계획 • 75
자동차산업 • 75
자립경제 • 11
자본수익률 • 94
자본 심화 • 101
자본축적 양식 • 19
자본 확장 • 101
자본 효율성 • 93
장기기계공업육성계획 • 71
장기자동차공업진흥계획 • 75
장기조선공업진흥계획 • 53
장기조선인력수급계획 • 55
재벌 • 100, 107
저소득국 • 83
전문화·계열화 • 71
전자공업진흥기본계획 • 62
전자공업진흥법 • 62
전자산업 • 61
전자통신연구소 • 66
정부 개입 • 109
정책금융 • 33
정학적 • 99
조선산업 • 53
조세 감면 • 42
중소득국 • 83
중화학공업육성계획 • 23, 29
중화학공업육성정책 • 105
중화학공업추진위원회 • 27
지시각서 • 73
G-K 달러 • 81
직접금융 • 33

[ㅊ]

차관 • 38, 40
창원기계공업기지 • 72
철강공업육성법 • 57
철강공업육성종합계획 • 57
철강산업 • 57
총요소생산성(TFP) • 96
추격(catch-up) • 6, 106

[ㅌ]

투자세액 공제 • 42
투자조정 • 95
특별 감가상각 • 42

[ㅍ]

포용적 성장 • 110
포항제철 • 57

[ㅎ]
학습 능력 • 106
한계세율 • 103
해외 연수 • 60
해외 차입 실질 비용 • 40, 41
혁신 • 106
현대자동차 • 77
현대중공업 • 53
현시비교우위지수(RCA) • 91
후발성의 이익 • 6, 106